Waldemar Kawerau

Thomas Murner und die deutsche Reformation

Waldemar Kawerau

Thomas Murner und die deutsche Reformation

ISBN/EAN: 9783744621144

Hergestellt in Europa, USA, Kanada, Australien, Japan

Cover: Foto ©Suzi / pixelio.de

Weitere Bücher finden Sie auf **www.hansebooks.com**

Thomas Murner

und die deutsche Reformation.

Von

Waldemar Kawerau.

Halle 1891.
Verein für Reformationsgeschichte.

Inhalt.

—

Erstes Kapitel.

Die Reformation in Straßburg.

—

Im Jahre 1524 erwiderte der Prior der Dominikaner in Frankfurt, Johannes Dietenberger, [1]) auf den Einwand, daß bisher niemand die neue Lehre Luthers ordentlich widerlegt habe, mit einer langen Liste „hochgeachteter und hochgelehrter" Männer, die die Ketzereien „durch gotlich schrifft angezeigt und unüber= wintlich, unwidersprechlich verworffen" hätten. In dieser Liste fehlt auch Thomas Murner nicht, der unter allen litterarischen Widersachern Luthers ohne Frage der schlagfertigste, witzigste und volkstümlichste war, so daß er unter seinem Spottnamen „Murnarr" in der reichen Pasquillen= und Satirenlitteratur jener Sturm= und Drangjahre allenthalben als typische Figur wiederkehrt. Und schon um seiner Rührigkeit willen gebührte ihm jener Platz, den ihm Dietenberger in der Reihe der Ver= fechter des alten Glaubens angewiesen hatte. Allerdings war es wohl etwas voreilige Renommisterei, wenn er gleich in seiner ersten Schrift wider Luther, der „Christlichen und brüderlichen Ermahnung"[2]), mit nicht weniger als zweiunddreißig Traktaten drohte, in denen er die Wittenbergische Ketzerei bekämpfen wolle, doch ist es nicht zu bezweifeln, daß er in der That weit mehr gegen den Ketzer geschrieben hat, als von ihm gedruckt worden ist. Aus einem Briefe aus Hagenau[3]) erfuhr Luther schon zu Ende des Jahres 1520, daß Murner „dreißig Schriften" wider ihn in Aussicht stelle, und dieser selbst versicherte nochmals in seiner vom 8. März 1521 datierten „Protestation", daß er kraft seiner Pflichten, Gelübde und Eid, so er Gott, dem christlichen

Glauben, der geistlichen Obrigkeit und seinem Orden schuldig sei, als ein öffentlicher Prediger und Lehrer der heiligen Schrift die Schriften Luthers in zweiunddreißig Büchlein in alledem bekämpft habe, worin sie seiner Meinung nach der Wahrheit zuwider seien. Auch habe er alle diese Schriften dem Erzbischof zu Metz und dem Bischof zu Straßburg vorgelegt und diesen gegenüber sich als Verfasser bekannt, damit sie nicht für Schmachbüchlein er= achtet würden.[4])

Doch schon nach der Zahl seiner gedruckten Schriften nimmt unser Straßburger Franziskaner unter den Gegnern Luthers einen hervorragenden Platz ein. Schlag auf Schlag, wie des Wittenbergers große Reformationsschriften, folgten seine Er= widerungen, von denen allein in den beiden letzten Monaten des Jahres 1520 vier gedruckt worden sind. Am 10. November erschien seine „Christliche und brüderliche Ermahnung", am 24. November die zunächst gegen Lazarus Spenglers „Schutzrede" gerichtete Schrift „Von Doktor Martin Luthers Lehren und Predigen", am 13. Dezember das Büchlein „Von dem Papsttum" und am Christabend (24. Dezember) des gleichen Jahres seine antireformatorische Hauptschrift „An den Adel deutscher Nation". Auch seine Verdeutschung von Luthers „de captivitate Baby-lonica" war jetzt bereits vollendet und konnte in den ersten Tagen des neuen Jahres ausgegeben werden.

Um diese Umwandlung des witzigen Satirikers in den leidenschaftlichen Verfechter des alten Glaubens zu begreifen, ist es notwendig, sich die historischen Voraussetzungen zu vergegen= wärtigen.

An gewaltigen Ereignissen reiche Jahre hatte die deutsche Nation durchlebt, als Murner, nunmehr auch mit dem juristischen Doktorhute geschmückt, zu Anfang des Jahres 1520 aus der Schweiz in sein Kloster zu Straßburg zurückkehrte: ein Jahr noch gewaltiger und folgenschwerer war angebrochen. Die große geistige Bewegung, welche Luthers Sätze wider den Ablaß herauf= beschworen hatten, war im Wachsen; immer größer wurde die Aufregung der Massen, immer leidenschaftlicher die Erregung auf den Höhen und in den Tiefen. Während der Straßburger Barfüßer zu Basel römisches Recht dozierte und sich damit beschäftigt hatte, die Weiberdiener durchzuhecheln, war durch die am 28. Juni 1519 erfolgte Wahl Karls von Oesterreich zum Träger der römischen Krone über die Geschicke der deutschen Nation auf Jahrhunderte hinaus das Loos geworfen worden; jetzt an der Schwelle des neuen Jahres konnte niemand mehr, der überhaupt hören wollte, dem immer stärker anschwellenden Brausen der nationalen Bewegung sein Ohr verschließen. „Es muß durchgebrochen werden! Es lebe die Freiheit! Ich hab's gewagt!" — so rief Ulrich von Hutten jubelnd aus, und allent= halben erstanden dem Wittenberger Mönche Bundesgenossen, die Wort und Feder in seinen Dienst stellten: die Pressen arbeiteten in fieberhafter Thätigkeit, die Flugschriften flatterten über das Land und trugen die neuen Gedanken auf Markt und Gasse, in die Zelle des Mönches und in die Hütte des Handwerkers.

Auch in Straßburg⁵) hatte die Bewegung immer weitere Kreise gezogen, und der heimgekehrte Mönch mochte über die ver= änderte geistige Physiognomie seiner Heimat gründlich erstaunt sein. Noch freilich war es eine Zeit der Dämmerung, aber schon verkündigte frischer Morgenwind das Nahen des jungen Tages. Luthers Thesen hatten rasch auch durch die alte Völkerstraße am Rheine ihren Weg genommen und hatten vor allem dem in der breiten Masse des Volkes lebendigen, allerdings sehr unklaren Drange nach einer Reformation der Kirche neuen Anstoß gegeben, während die humanistischen Gelehrten, die vordem am lautesten jenen Ruf erhoben hatten, jetzt erschrocken den anbrechenden Sturm zu beschwören suchten. In ihrer innersten Gesinnung konser= vativ und nicht gewillt, den Anspruch als treue Söhne der alten Kirche zu gelten aufzugeben, hatten sie vor allem die herrschende Weltauffassung zu zerstören versucht, aber nun, da sie durch die neue Weltanschauung die Grundlage ihrer Bildung gefährdet wähnten, wendeten sie sich verdrossen ab, zogen sich in den Schmoll= winkel zurück und jammerten über die neue Barbarei, die an= geblich über Deutschland hereinbrach. Die gewaltsamen Zuckungen, die die neue Bewegung, welche die Volksseele in ihren innersten Tiefen aufwühlte, naturgemäß begleiten mußten, waren ihrem feinfühligen ästhetischen Sinne unbehaglich, und da auch ihre kirchlichen Interessen doch mehr nur ästhetischer als religiöser

Natur waren, so fehlte ihnen für die erschütternden religiösen
Kämpfe des Wittenberger Mönches das rechte Verständnis. Wimpfe=
lings litterarischer Gesellschaft, die vordem so tapfer dem neuen
Geiste die Bahn gebrochen hatte, gab die nun entfesselte religiöse
Bewegung den Todesstoß. Gebwiler und Ottmar Nachtigall
wandten später der ketzerisch gewordenen Stadt den Rücken; der
feinsinnige humanistische Pädagog selbst blieb kühl und teilnahmlos
und mußte sich doch von einem seiner Schüler, Jakob Sturm,
der neben Nikolaus Gerbel einer der eifrigsten Vertreter der
neuen Lehre in seiner Vaterstadt geworden war, das bittere Wort
zurufen lassen: „Wenn ich ein Ketzer bin, so habt ihr mich zu
einem gemacht“.

Anders, wie gesagt, war die Stellung des Volkes, dessen
Stimmung der neuen Bewegung willig entgegenkam. Auch
äußere Umstände leisteten der letzteren Vorschub. Das Jahr
1517,[6]) mehr noch das folgende, waren Teurungs= und Not=
standsjahre gewesen, und da die reichen Klöster die Notlage dazu
benutzt hatten, die Kornpreise heraufzuschrauben, so war die Er=
bitterung in den breiten Massen gründlich gereizt worden. Den
Geistlichen zum Tort wurden Luthers Thesen an den Thüren
der Kirchen und Pfarrhäuser angeschlagen,[7]) und wenn die Leute
in der Schänke beisammen saßen, begannen sie bedenkliche finanzielle
Berechnungen anzustellen, bei denen die reichen Pfaffen und
Pfründenfresser nicht eben glimpflich davon kamen. Die Er=
bitterung der Laien gegen den Klerus hatte den Höhepunkt erreicht
und die Massen in jene Stimmung hineingetrieben, die nun der
reformatorischen Bewegung den breitesten Stützpunkt bot. Gerade
in dem kirchen= und klösterreichen Straßburg, wo die Bürger
genug von eignen üblen Erfahrungen zu erzählen wußten, hatte
die schonungslose Volkspolemik gegen Pfaffen und Mönche immer
ein williges Ohr gefunden. Aber was vordem leidlich harmlos
gewesen sein mochte, da für die allgemeine Auffassung der Priester
doch immer Priester und der Stellvertreter Gottes auf Erden
blieb,[8]) das sah jetzt plötzlich minder harmlos aus, gewann viel=
mehr eine drohende Spitze und Schärfe. Bisher mochte beispiels=
weise der naive Gläubige wenig Anstoß daran genommen haben,
wenn er auf einem Steinwerk im Straßburger Münster Bock

und Schwein dargestellt sah, wie sie den schlafenden Fuchs als
Heiligtum trugen, vor ihnen den Bären mit dem Kreuz und den
Wolf mit brennender Wachskerze, dahinter der Esel, der vor dem
Altar die Messe liest; oder wenn er in einer andern Kirche das
Gleichnis vom breiten und schmalen Wege dargestellt sah, wobei
der erstere durchweg von geistlichen Wanderern belebt war.⁹)
Jetzt waren das grelle und derbe Illustrationen zu den Schwänken,
Novellen und Satiren, in denen Spott und Haß gegen Pfaffen
und Mönche sich Luft machten. Und es waren wahrlich nicht
die schlechtesten gewesen, die diese Stimmung im Volke befördert
hatten. Geilers Stimme war verklungen, aber seine gewaltigen
Münsterpredigten, in denen er freimütig, aus der Fülle eines
schmerzlich bewegten Herzens heraus den eignen Standesgenossen
die Gewissen geschärft hatte, waren noch unvergessen. Ein Mann
wie Wimpfeling, zu dem die Straßburger mit scheuem Respekt
emporsahen, hatte einst in seiner Komödie „Stylpho" (1470) derb
die stupiden Pfründenfresser verspottet ¹⁰) und hatte dann in seiner
Schrift „de integritate" (1505) ¹¹) über die sittliche Verwilderung
und Verrohung der Geistlichen bewegliche Klage geführt. Rück=
sichtslos hatte er die schmählichen Konkubinatsverhältnisse an den
Pranger gestellt und die Gotteslästerung gebrandmarkt, deren
solche Geistliche sich schuldig machen, die „mit befleckten Händen,
mit unreinem Munde und mit wollüstigen Gedanken" die heiligen
Handlungen vollziehen. Er hatte nicht minder über das von
den Mönchen erfundene Sprichwort, daß die Wissenschaft in den
Mönchskappen stecke, seinen grimmigen Spott ausgeschüttet und
den Bettelmönchen zum Aerger jenem „wunderbaren Tuchlappen",
der Bildung einflößen könne und der demnach weit höher als
Purpur zu schätzen sei, ein ironisches Loblied gesungen. (In seiner
Schrift de vita et miraculis Joa. Gerson.) Und wie endlich
war Murner selbst mit Geistlichen und Mönchen umgesprungen!
Und nicht einmal aus wirklichem Schmerz über die Not der
Kirche, sondern in erster Linie doch nur um augenblicklicher,
drastischer Wirkungen willen und um sich das dankbarste Objekt
des Satirikers nicht entgehen zu lassen, hatte er gespottet und
gehöhnt und die Achtung vor dem Klerus gründlich untergraben.
Nun war die Saat, die er ausgestreut hatte, aufgegangen und zwar

in reichster Fülle und Ueppigkeit. Die dunkle Empfindung, daß er sich selbst den Ast, auf dem er gesessen, abgesägt habe, mochte ihn nun überschleichen und rat= und hilflos blickte er in die dunkel vor ihm liegende Zukunft.

Aeußerlich freilich war in Straßburg zunächst scheinbar noch alles beim alten. Noch 1518 war hier mit festlichem Gepränge der Bringer eines neuen Ablasses empfangen worden, und als ein kecker Bursche über dieses Gnadenmittel der Kirche öffentlich ziemlich respektlos sich geäußert hatte, war er vom Rate hinter Schloß und Riegel gesetzt worden, um dort über seinen ketzerischen Leichtsinn nachzudenken. Doch die Menge nahm für den Delin=quenten Partei; einflußreiche Bürger legten Fürsprache für ihn ein, und die Obrigkeit gab diesem Drucke nach, so daß der arme Sünder mit einem blauen Auge davonkam.¹²) Und solche Zeichen einer neuen Zeit mehrten sich. Schon im Jahre 1519 begann der aus Zofingen in der Schweiz gebürtige Buchdrucker Johann Knobloch, ein Mann nicht ohne humanistische Bildung, der selbst lateinische Vorreden zur Empfehlung einzelner seiner Drucke schrieb, Lutherische Traktate nachzudrucken;¹³) auch der aus Taulers Schule hervorgegangenen, von Luther eingeführten und warm empfohlenen „Deutschen Theologie" gab er durch einen Neudruck weitere Verbreitung. Ihm folgte Martin Flach, der im gleichen Jahre Luthers „Sermon von dem hochwürdigen Sakrament des wahren, heiligen Leichnams Christi und von den Brüderschaften" in einem Nachdruck herausgab. Die von Sebastian Brant geübte Zensur war milde und wohlwollend und nur selten raffte sich der berühmte Stadtschreiber zu eigner Initiative auf. Ebenso bewahrte der Rat eine abwartende Haltung und schritt nur ein, wenn er direkt dazu aufgefordert wurde. Zwar erließ er zu Beginn des Jahres 1520, als die religiöse Polemik einen immer leidenschaftlicheren Charakter annahm, eine Verfügung,¹⁴) aber nicht um die Besprechung theologischer Fragen zu verhindern, sondern nur um groben persönlichen Beleidigungen Einhalt zu thun. Dabei waren die Verfasser ihm gegenüber jeder Verant=wortlichkeit ledig. Er hielt sich einfach an die Drucker und Händ=ler, die in besonders schweren Fällen, summarisch genug, durch Kon=fiskation und Vernichtung der vorhandenen Vorräte gestraft wurden.

Selbst durch das Wormser Edikt, das nur zögernd publiziert worden war,[15] wurde an dieser milden Praxis der Zensur wenig geändert. Wenn Murner am 13. Januar 1521 von Brant nichts Geringeres als das Verbot aller ketzerischen Schriften verlangt hatte,[16] so war damals dieses Ansinnen von vornherein aussichtslos gewesen; aber selbst jetzt noch blieb Brants Nachfolger, Peter Butz, der bisherigen Gepflogenheit treu und suchte die Ausführung des Edikts so viel als möglich zu umgehen. Es ist für die Lage in Straßburg bezeichnend, daß Matthias Zell später (1523) berichten konnte, man habe die Lutherschen Schriften öffentlich feilgeboten, selbst an den Orten, an denen das päpstliche und kaiserliche Mandat angeschlagen gewesen sei.[17] Und auch das ist bezeichnend, daß unter den zahlreichen Straßburger Buchdruckern nur ein einziger, Johannes Grüninger,[18] den Mut hatte, auch nach der Reformation noch katholische Traktate herauszugeben.

So lagen die Verhältnisse in der Heimat, als der unstäte Franziskaner wieder dort einsprach und nun für geraume Zeit in seinem Kloster sich heimisch machen sollte. Luther selbst hatte gerade an diesem Zeitpunkt eine kurze Frist der Waffenruhe und auch der inneren Stille. Er arbeitete rüstig an der Fortsetzung seines Psalmenkommentars und an den ersten Anfängen seiner Postille, und erst im Februar 1520, als er den Sturm immer näher heranrücken sah, regte sich wieder seine alte kriegerische Stimmung. Die Zeit zu reden schien ihm jetzt gekommen und in fröhlichem Vertrauen auf Gott überließ er das Schifflein dem Wind und den Wellen. Jetzt begann ihn zum ersten Male die Kutte ernstlich zu drücken,[19] so daß er bedauerte, nicht lieber ein Handwerk gelernt zu haben, da ihm die Klöster wie die „Schlacht= bänke des Gewissens" erschienen; und wie er nun selbst in seiner inneren Entwickelung Schritt vor Schritt weiter gedrängt wurde, so riß er auch sein Volk unwiderstehlich mit sich fort, dessen beste Lebenskraft in diesem einen Manne vereinigt schien. Schwere Jahre voll Sturm und Drang zogen nun herauf. Der Kampf, den er angefacht hatte, war längst nicht mehr ein Streit der Pfaffen und Theologen, sondern er war zur Sache der ganzen Nation geworden. Und dabei war der Mann, der den Mittel=

punkt der ganzen Bewegung bildete, selbst über den Ausgang völlig unbekümmert, ja, die Frage, wohin er eigentlich treibe, schien ihn überhaupt nicht mehr ernstlich zu beunruhigen. Er fühlte sich als im Dienste seines Gottes stehend, und in dieser unerschütterlichen Ueberzeugung ließ ihn die Sorge um die äußere Gestaltung der werdenden Dinge völlig gleichmütig. Wohl möglich, meinte er, daß ein neuer und großer Brand entstehen wird, wer aber vermag dem Ratschluß Gottes zu widerstehen?

Bei ihm, dem der ganze Kampf aus dem innersten Zentrum seines religiösen Lebens hervorgegangen war, ist diese großartige Sorglosigkeit um Ausgang und äußerliche Gestaltung der Bewegung begreiflich, aber ebenso klar ist, daß sich demjenigen, dem dieser Kampf nicht wie ihm allein und ausschließlich ein Kampf um die Seligkeit war, in erster Linie eben diese bange Frage nach Richtung und Ziel der Bewegung aufdrängen mußte. Der Mönch, der in seiner Zelle Luthers siegesfrohe Kampf= und Sturmschriften las, ohne je selbst von jenen Gewissensnöten gepackt und geschüttelt worden zu sein, die dem Wittenberger Augustiner so flammende Worte auf die Lippen gelegt, der Mönch, der alle die Schäden und Gebrechen der Kirche und des Klerus, welche die Seele jenes in hellem Zorn hatten aufbrennen lassen, nur als Spötter dem Gelächter seines Publikums preisgegeben hatte — dieser Mönch konnte vielleicht für kurze Zeit, so lange der Kampf jenes mehr nur gegen Aeußerlichkeiten und ganz offenkundige Mißbräuche gerichtet schien, in ihm eine Art von Bundesgenossen sehen, einen Bundesgenossen, der zornig und pathetisch dasselbe anstrebte, was er selbst vordem lachend und spottend versucht hatte. Aber nur zu bald mußten ihre Wege sich scheiden und die Un= versöhnlichkeit zweier so gegensätzlicher Standpunkte mußte offenbar werden. Bei jedem weiteren Schritte, den Luther that, mußte ihm dieser mehr und mehr nur noch als verwegner Empörer erscheinen, der die alte Kirche zu zertrümmern drohte. Und wenn dann das anfängliche Gefühl einer gewissen Bundesgenossenschaft später in einen um so erbitterteren Haß umschlug, so ist auch das psychologisch wohl zu begreifen.

Murner war im Jahre 1520, als auch in Straßburg die Dinge zur Entscheidung zu treiben begannen, ein Mann von vierundvierzig Jahren; seine innere Entwickelung war abgeschlossen und er mußte somit jeder neuen geistigen Bewegung kühl und abwartend gegenüberstehen. Er war reich an äußeren Ehren und Würden: ein Doktor der Theologie, ein Doktor beider Rechte, ein gekrönter Poet und ein angesehener Mann seines Ordens. Dazu hatte er litterarischen Ruf und Ruhm erlangt, so daß er gerade jetzt recht eigentlich auf der Höhe seines Lebens stand. Nun aber drohte die von Wittenberg ausgehende Bewegung alles in Frage zu stellen, was bis dahin sein inneres Leben ausgefüllt hatte; sie drohte zugleich alle die äußeren Stützen hinwegzufegen, die dem Kuttenträger bis dahin Würde und Ansehen bei den Menschen und den Unterhalt des Lebens verbürgt hatten. Auch er war damit vor eine furchtbare Entscheidung gestellt, deren Ernst selbst seine von Haus aus leichtlebige und bewegliche Natur im Innersten erschütterte. Für Augenblicke mochte es anfänglich wohl ihm selbst scheinen, als sei mit dem Manne, der diesen Feuerbrand in die Klöster geworfen hatte, eine Verständigung noch möglich, da er ja in der Kritik gewisser äußerer Schäden und Mißbräuche der Kirche mit jenem durchaus auf gleichem Boden stand. Es ist zudem beachtenswert, daß unter denjenigen Schriften Luthers, die in Straßburg durch einen eignen Nachdruck verbreitet wurden, auch jener aus den letzten Tagen des Februars 1519 stammende „Unterricht auf etliche Artikel"[20]) sich befand, in welchem Luther als Frucht seiner Unterredung mit Miltitz zu bedeutenden Zugeständnissen sich bequemt und noch zu katholischen Lehren sich bekannt hatte, die er bald nachher offen verworfen sollte. „Siehe, nun hoffe ich", — so hatte er den später von ihm selbst als apologia vernacula bezeichneten Zettel geschlossen — „siehe, nun hoffe ich, es sei offenbar, daß ich der römischen Kirche nichts nehmen will, wie mich meine lieben Freunde schel= ten. . . Dem heiligen römischen Stuhle soll man in allen Dingen folgen, doch einem Heuchler nimmer glauben." Es wäre demnach nicht eben unwahrscheinlich, wenn ein Mann wie Murner dem Reformator anfänglich mit einer gewissen Sympathie gegenüber gestanden hätte.[21]) Aber sobald ihm die ganze ungeheuere Trag= weite der Bewegung aufgegangen war, wich er scheu wieder zurück und wurde nun aus dem rüstigen Satiriker, der als solcher keck die Mißbräuche der alten Kirche und die Sünden ihrer Diener verspottet hatte, ein ebenso rüstiger und ebenso ungeschlachter Kämpe für die alte Kirche gegen den Neuerer. Er sah nun in Luther nur noch den Revolutionär und konnte es ihm nicht verzeihen, daß er die Einheit der Kirche gebrochen hatte. Er machte als getreuer Sohn der Kirche devot vor dem Schlagbaum Halt, an den Rom ein „bis hierher und nicht weiter" geschrieben hatte, denn hinter diesem Schlagbaum sah er nichts als Abtrünnige und Empörer. Und nun schüttete er, ein lärmender Journalist in der Mönchskutte, eine ganze Flut von Streit- und Schmäh- schriften über den Wittenberger Empörer aus, unter allen littera- rischen Widersachern desselben der eifrigste und schlagfertigste, der gewandteste, der bissigste und witzigste. Das Eine jedoch, was in diesem Kampfe die Hauptsache war, fehlte ihm: die starke religiöse Ueberzeugung, der lebendige Odem einer um ihr Seelenheil ringenden Menschenseele. Und darum fielen seine Schriften platt zu Boden, während die Reformation, unbekümmert um den streitbaren Schildknappen Roms, ihren Siegeszug antrat.

Zweites Kapitel.

Murner und Luther.

Was Murner zu seinem ersten öffentlichen Auftreten wider Luther veranlaßte, war der kleine „Sermon von dem neuen Testament, d. i. von der heiligen Messe",[22]) der wenige Tage vor Ausgabe der Schrift an den Adel erschienen war.[23]) Maß= voll, mit innerer Wärme und fast völlig frei von allem polemischen Beiwerk hatte Luther hier sein Thema in einer für die Laien durchaus verständlichen Weise behandelt. Noch hatte er sich auf den Wunsch beschränkt, „daß wir Deutschen Meß zu deutsch lesen" möchten, und noch hatte er den Versuch gemacht, den der Messe zu Grunde liegenden Opfergedanken evangelisch umzudeuten. Denn „das beste und größte Stück aller Sakrament und der Meß sein die Wort und Gelübb Gottes, ohn welche die Sakrament tot und nichts sein; gleich wie ein Leib ohn Seele, ein Faß ohn Wein, eine Tasche ohn Geld, eine Figur ohn Erfüllung, ein Buchstab ohn Geist, eine Scheide ohn Messer und dergl." Er hatte damit den magischen, versöhnenden, verdienstlichen und gesetzlichen Charakter des Gottesdienstes nach katholischer Fassung abgelehnt und dafür das Leben des Christen in Glauben und Liebe als den eigentlichen geistlichen wahren Gottesdienst des neuen Testaments erkennen gelehrt. „Denn der Glaube muß alles thun. Er ist allein das rechte priesterliche Amt. . ." Alle aber, die solchen Glauben nicht haben, „sondern vermessen sich, die Meß als ein Opfer aufzutreiben und ihr Amt Gott für= tragen, das sein Oelgötzen, halten äußerlich Meß, wissen selbst nit, was sie machen und mögen Gott nit wohlgefallen".

Wenn Luther seinen Sermon mit den Worten schloß: „Ich weiß wohl, daß etlich werden leichtfertig sein, hierinne mich einen Ketzer schelten. Aber lieber Gesell, du solltest auch zusehen, ob du es so leichtlich bewähren könnest, so leichtlich du lästerst" — so sollte diese seine Voraussage nur zu bald sich bewahrheiten. Er selbst mochte die Tragweite seines Angriffs auf die römische Messe noch gar nicht einmal völlig übersehen, während der Straß=burger Mönch rasch erkannte, daß schon in dem schonenden Versuch einer evangelischen Umdeutung des Opfergedankens an dem Funda=ment der Messe gerüttelt war. Er fühlte, daß damit dem Katholi=zismus ans Herz gegriffen war, da eben in der Messe, wo die ganze unüberbrückbare Kluft zwischen dem Laien und dem Priester offenbar wird, die Wurzeln seiner Kraft liegen.[24] Zu dieser Frage also durfte er angesichts des „Aergernisses", das Luther „ohn allen Zweifel der Messen halb dem Unverständigen"[25] gegeben habe, nicht schweigen. Noch war es vielleicht an der Zeit, den irrenden Bruder zur Umkehr zu bewegen und den verlorenen Sohn dem „Vater des christlichen Glaubens" wieder zuzuführen.

Noch während er an seiner Entgegnung auf das Büchlein von der Messe arbeitete, kam auch Luthers Schrift an den Adel in seine Hände, so daß er auch diese noch, wenn auch nur flüchtig, in seiner Arbeit berühren konnte. Dadurch gestaltete sich seine Schutzschrift für die römische Messe ganz von selbst zu einer Streitschrift wider das gesamte reformatorische Vorgehen Luthers, und wir finden schon hier alle die Argumente für die Kirche des Papstes und wider den vermessenen Neuerer, die er dann in allen seinen späteren Schriften lediglich wiederholte und mit ermüdender Weitschweifigkeit breittrat. Und zwar sind es im wesentlichen drei Punkte, auf die er in seiner Polemik wider den Ketzer immer wieder zurückkommt. Beruft sich Luther auf die Schrift, so er auf die „löblichen Gewohnheiten und alten Gebrauch) der Väter" oder, wie es in seiner Schrift an den Adel bündig heißt: „Wir allegieren das alt Herkommen".[26] Zum andern protestiert er immer und überall gegen das von Luther proklamierte Priestertum aller Gläubigen, indem er, gestützt auf die herkömmlichen Argumente, um so nachdrücklicher

den vermeintlichen character indelebilis des Priesters betont,
und zum dritten endlich richtet sich sein Protest immer wieder
gegen das Unterfangen, durch Erörterung solcher Fragen vor
den Laien die „frummen gemeinen Christen" in ihrem Glauben
irre zu machen. Gerade dieses letztere Bedenken ist das A und
O seiner gesamten antilutherischen Schriftstellerei, wobei all=
mählich immer deutlicher das Bestreben z.:tage tritt, Luther
als politischen Revolutionär zu denunzieren, dessen ketzerische
Lehren schließlich jede obrigkeitliche Autorität untergraben müßten.
Wenn er dabei immer wieder von Luther fordert, er solle die
eigentlichen Glaubensfragen unangetastet lassen, da sich nur dann
über die von ihm berührten Mißbräuche und äußerlichen Schäden
innerhalb der römischen Kirche ruhig und sachlich diskutieren
lasse, so bekundet das denn doch eine solch naive Unkenntnis
seines Gegners und eine solche Unfähigkeit, den Kernpunkt des
die Welt bewegenden Kampfes zu begreifen, daß es nur zu er=
klärlich ist, wenn Luther selbst diesen Gegner kurzer Hand bei
Seite schob und ihn später gar keiner Erwähnung mehr, geschweige
denn einer Antwort würdigte.

Murner schickt seiner „Christlichen und brüderlichen Er=
mahnung"[27]) eine „Vorred zu Doktor Martino Lutter"[28]) vor=
aus, in der er mit bemerkenswerter Mäßigung seinen „ehrwürdigen
Mitbruder" persönlich apostrophiert und ihn mahnt, von allen
Neuerungen abzustehen. Er schreibe an ihn nicht seiner Person
zu Leid oder Verkleinerung, sondern allein zur Erkenntnis der
göttlichen Wahrheit und damit kaiserliche und hispanische Majestät
mitsamt allem durchlauchtigen deutschen Adel durch Rede und
Widerrede das Beste ermessen mögen, da es schon im Sprich=
wort heiße: eine Rede ist keine Rede. Sei der Kaiser gewillt
die Sache einem Konzil der Christenheit zu unterbreiten, so
wolle er diesem sowohl sein Schreiben wie sich selbst gerne unter=
werfen. Denn er stehe diesem ganzen Handel als ein Un=
parteiischer gegenüber, der mit Luthers Person nichts denn Liebes
und Gutes im Sinne habe. Aber eben darum wolle er ihn,
seinen „allerliebsten Bruder", ermahnt haben umzukehren, damit
er wieder mit denjenigen, die ihm von Herzen Gutes gönnen,
vereinigt werde.[29]) Er möge nur vertrauen, daß ihm, falls er

als verlorener Sohn reuig umkehre, der heilige Vater, der Papst, Barmherzigkeit nicht versagen werde.

Schon in dieser ersten Schrift liegt denn auch der Schwer=punkt weniger in den Einwänden gegen den Sermon von der Messe, als vielmehr in der prinzipiellen Bestreitung der Be=rechtigung Luthers, auf Grund vorhandener Mißbräuche an Satzungen des Glaubens zu rühren, oder vollends gar in Sachen des Glaubens vor der „ungelehrten" Gemeinde zu dis=putieren. Wohl hat Luther vielfach „wohl und christlich" gelehrt, und Murner selbst ist weit entfernt, gewisse Mißbräuche beim Gebrauch des Ablasses oder in der Lehre vom Fegefeuer, — vom Mißbrauch des Bannus ganz zu schweigen — in Schutz zu nehmen, das Urteil hierüber steht jedoch lediglich einem Konzil zu, nicht aber einem einzelnen. Und wolle man ihm selbst dieses Recht zugestehen, auf Abstellung von offenkundigen Mißbräuchen zu dringen, so steht ihm doch nimmermehr das Recht zu, mit „ungewaschenen" Händen den Glauben selbst anzutasten. Wenn einige meinen, man solle in Luthers Lehre unterscheiden, das Gute annehmen und das Ungläubige verwerfen, so ist das eine gefährliche Halbheit. Denn weil eben Luthers Wahrheit mit dem Gift des Unglaubens vermischt ist, soll man sie ganz verwerfen und nicht etwa meinen, daß sie durch Mißbräuche, wie beispiels=weise diejenigen eines Tetzels, bestätigt würde.

Der Hauptnachdruck also liegt schon hier in dem Satze, daß man den „frommen gemeinen" Christen nicht in diese Händel verwickeln dürfe, damit er an seinem Glauben nicht irre werde. Und damit geht schon hier das Bestreben Hand in Hand, Luthers Lehre als aufrührerisch darzustellen und sie bei der weltlichen Obrigkeit zu verdächtigen. Denn würden wirklich, wie Luther wolle, die Klöster aufgehoben und die Messen abgethan werden, „wir würden dermaßen in einander verwirret, daß die Kinder ihre Eltern, ein Bruder den andern, ein Freund seinen Freund darüber erschlagen und erwürgen würde". Warnend hält er dem revolutionären Mönche, anknüpfend an dessen Bemerkungen im 24. Artikel der Schrift an den Adel, das Beispiel der Böhmen vor Augen: „Weißt du auch), daß die Böhmen Mönche und Pfaffen tot geschlagen haben? .... Weißt du auch, daß sie den frommen deutschen Rat haben in die Spieß lassen fallen und ohn Ursach auch erschlagen? .... Weißt du auch, daß sie die löblich Schul von Prag ausgetrieben haben ohn allen ihren Verdienst bei dreißig Tausenden? .... Weißt du auch, daß sie die schönen Kirchen so unchristlich zerrissen haben?" .... Und er schließt pathetisch mit einem Appell an Luthers Nationalgefühl: „Mit denen sollen wir eins sein, die uns täglich ·deutsche Hunde nennen?" [30])

Die erste These seiner Schrift lautet: „Niemand soll predigen, er sei denn gesandt und dazu verordnet". Nachdem die geistliche Obrigkeit Luther das Predigen untersagt habe, sei es seine Pflicht bis zum Austrage der Händel zu schweigen. Meinst du etwa, so fährt Murner fort, daß dein Anhang im Volke dir das Recht zum Predigen giebt, so hätte auch Mahomed mit seinem weit größeren Anhange das gleiche Recht. Sprichst du, ich predige kraft meines priesterlichen Amtes, so erwidere ich, daß die Obrigkeit zu erkennen hat, wessen Predigt der Christenheit tauglich sei oder nicht, denn sonst könnte ein jeder nach seinem Gefallen predigen. Auch pflegt die Christenheit keine Wahrheit von denen zu lernen, die sie wie du mit viel Unwahrheit vermischen. „Darum sind der Poeten Bücher ver= boten, darum alle ketzerischen Bücher in alten Zeiten, nicht, weil nichts Wahres darin enthalten wäre, sondern weil sie die Wahrheit mit Lügen vermischt haben".

Daraus folgt zum zweiten: „Daß dem Doktor Luther in dem schwebenden Streite nicht allein zu glauben sei bis zum Austrag der Sache". Sprichst du, du habest für dich das Zeugnis der heiligen Schrift, so warte doch bis es gehört wird. Hast du Recht, so ists für dich um so besser. Aber man findet oft in deinen Büchlein die heilige Schrift nach deinem Sinn gezogen und geradebrecht. Du brichst Blumen nach deinem Gefallen, die dir wohlriechen, ob sie schon allen an= dern das Herz abstoßen. Nun möchte ich wissen, wem ich glauben soll. Dir allein zu glauben, scheint mir unsicher, denn andre Mütter haben auch Kinder gemacht und nicht du allein. Ja, sagen viele, es ist aber nie einer gewesen, der das so unerschrocken und tapfer gepredigt hat. Doch kann ich um so weniger dir

glauben, je mehr ich dein menschliches Anliegen erkenne; denn
wer deinen Handel kennt, der weiß, wie rasch du dich erzürnen
läßt und dann aus Rache das Kind mit dem Bade ausschüttest.
Zum dritten: „Ein Prediger so er Mißbrauch straft,
soll er das thun mit christlicher Mäßigkeit". Die von
dir berührten Mißbräuche in der christlichen Kirche abzuthun,
ist gewiß ein gutes Werk. Aber es steht geschrieben, was recht
ist, soll man rechtlich austragen. Die erste Regel dabei ist, daß
man von einem jeden eine gute Meinung hat, bis das Gegenteil
bewiesen ist. Gilt das schon im allgemeinen, so ganz gewiß auch
vom Papste. Ich will dir zugeben, daß viele Mißbräuche in der
christlichen Kirche sind: aber nenne mir einen Stand auf Erden,
geistlich oder weltlich, in dem nicht das eine oder das andre
Glied krank ist. Wenn Gott alle Uebel hier gestraft haben
wollte, so hätte er sich nicht das zukünftige Urteil über Lebendige
und Tote vorbehalten. Wohl möglich, daß es einmal wahr
wird, was das alte deutsche Sprichwort sagt:

> Wen geistlich staubt der straff vergessen
> So sol der weltlich dz ermessen
> Vnd sol die ordenung sich verleren,
> Das leyen alle pfaffen leren.

Was aber ist die Folge, wenn du diese Klagen, wie du es in
dem Büchlein an den deutschen Adel thust, in die ungelehrte
Gemeinde hineinträgt? Sie werden die Romanisten totschlagen,
wie in dem böhmischen Aufruhr geschah, da man Mönche und
Pfaffen erschlagen hat. Das sollte dir und allen deutschen
Fürsten billig eine Warnung sein. Darum ermahne ich dich,
mein herzlieber Bruder, daß du der Geduld Jesu Christi unsres
Herrn nicht vergissest. Du hast früher lateinische Bücher aus=
gehen lassen, wodurch du viel Ehrwürdigkeit erlangt hast; jetzt
aber fängst du an, jedes Scheltwort mit Scheltwort zu bezahlen
und von dem Papste so lästerlich und unwürdig zu reden, daß
ich ein großes Mitleid mit dir habe, weil du deiner Mäßigkeit
so gar vergessen hast. Du vermagst es doch nicht, allen Miß=
brauch abzuthun; darum habe Geduld, denn Gott ist ein gerechter
Richter.

Im vierten Abschnitt: „daß in schwebenden Sachen

beide Teile verhört werden sollen", kommt Murner endlich
auf das Büchlein von der Messe zu sprechen, wobei er bewegliche
Klage führt, daß Luther es so darstelle, als ob die Messe nur
um des Geldes willen erdichtet sei. Strafst du einen Mißbrauch,
fährt er fort, so unterscheide ihn von der Wahrheit und laß die
Wahrheit unverletzt. So achte auch nicht alle Priester dafür,
als ob sie allein um des Geldes willen die Messe übten und nicht
hofften in Kraft der Messen und des Leidens Christi selig zu
werden. Vergiß doch auch nicht, daß die Priester nicht immer
aus Geiz, sondern oftmals aus bitterer Not Geld nehmen. Ich
sehe aber, daß du uns ausschließen willst aus dem Verdienst
des Leidens Christi, und da bricht mir mein Herz mit großer
Bitterkeit auf, dir Antwort zu geben und meine und noch manches
frommen Priesters Entschuldigung zu schreiben mit gebogenen
Knieen, mit emporgereckten Händen und mit heißen Thränen.
Sollte wirklich ein Konzil befinden, daß wir den Gottesdienst
der Messe fälschlich erdichtet haben, so sollen wir deshalb billig
gestraft werden von den Menschen hier und dort von Gott ewiglich.
Findet es sich aber, daß die Messen, wie sie geübt werden, göttlich,
geistlich, ehrlich, andächtig, wahrlich, rechtlich, vernünftig, nützlich,
und Lebendigen und Toten ersprießlich gebraucht werden, so
wollen wir dir eine solch große Schmachbeweisung brüderlich
verzeihen und nicht deinen Tod begehren, sondern wünschen,
daß du lebest, dich bekehrest und mit uns Gott den Herrn lobest.

Indem Murner im weiteren die römische Lehre von der
Messe gegen Luthers Angriff auf den Opfergedanken zu verteidigen sucht, kommt er auch auf Luthers Wunsch zu sprechen,
„daß wir Deutschen Meß zu deutsch lesen möchten". Es ist,
wendet er dagegen ein, Pflicht eines jeden Priesters, der in der
lateinischen Kirche ist, darin du bist und wir alle, beim Amt der
heiligen Messe die lateinischen Formen zu gebrauchen, wie wir
sie von den Aposteln, von allen Konzilien und Päpsten, auch
den heiligen Vätern und Lehrern als lange löbliche Gewohnheit,
welche weder Gott noch seinen Geboten, noch den guten Sitten
und Geberden widerstreitet, überkommen haben. Auch geht es
aus dem Grunde nicht an, in deutscher Sprache Messe zu halten,
weil die barbarischen Sprachen sich oft verändern und leicht

spöttlich oder verächtlich lauten. Er ist auch gleich mit einem Beispiele bei der Hand. „Allmächtiger Gott, minne mich, wie ich dich minne". Es liegt am Tag, fügt er hinzu, daß minnen früher lieben hieß, jetzt aber gar lästerlich sich verändert hat Auch hat sich der Laie nicht zu beklagen, als ob ihm bei seiner. Unkenntnis der lateinischen Sprache etwas verborgen würde, da es ihm in mancher Predigt lauterer denn die Sonne erklärt wird und jetzt auch deutsche Meßbücher gedruckt worden sind.

Murners Hauptargument für die römische Messe ist jedoch: „daß einer ehrlichen Gewohnheit soll gestanden werden, ob sie schon nicht geschrieben steht", wobei er sich auf Ev. Joh. 20, 30. beruft: „Auch viele andre Zeichen that Jesus vor seinen Jüngern, die nicht geschrieben sind in diesem Buche". Sag an, wo findest du im Evangelium geschrieben, daß Christus niedergefahren sei zur Hölle, und doch haben wir das von den Aposteln als einen Artikel unsres Glaubens empfangen. Wo steht geschrieben, daß wir also beichten sollen, wie wir die Beichte in Kraft des Sakramentes üben? Wo findest du geschrieben, daß die Gläubigen mit dem Zeichen des Kreuzes sollen gezeichnet werden, und doch ist ein solcher Brauch von den Aposteln auf uns vererbt worden. Wo steht geschrieben, daß wir gegen Auf= gang der Sonne beten sollen, und doch bauen wir alle unsre Kirchen gen Sonnenaufgang. Wollten wir von solchem Brauch der heiligen Väter abstehen, der Schaden, den wir dem Christen= glauben zufügten, wäre unermeßlich.

Auf seine weiteren Ausführungen, „daß niemand denn der Priester Messe halten dürfe", und „daß das Sakrament des Leibes und Blutes Christi ein wahrhaftiges Opfer sei", näher einzugehen, ist unnötig, da er hier lediglich die üblichen Argumente der katholischen Dogmatik wiedergiebt. Und wie hier gegen das allgemeine Priestertum, so eifert er zuletzt gegen Luthers unsichtbare Kirche, womit er bereits das Thema anschlägt, das er gleich darauf in seiner Schrift „Vom Papsttum" eingehend behandelte. „Es ist keine geistliche Kirche ohne leibliche Ein= wohner" — so lautet die letzte These seiner „Ermahnung." Damit du mich einmal ganz verstehst, so apostrophiert er Luther, will ich tapferer mit dir reden, als mit einem wahren Husiten,

der du bist und all dein Fundament aus dem Hus gesogen hast
und auch uns gern zu Husiten machen willst. Aber wir werden
uns weder durch dich noch durch Hus dahin bringen lassen, daß
wir eine andre Kirche glauben, denn die uns die Apostel gepre=
digt haben. Ich glaube als ein frommer Christ an die gemeine
apostolische und christliche Kirche, was du und Hus auch für eine
Kirche zurecht phantasieren. Man kann Leib und Geist nicht
von einander scheiden, da Gott selbst sie vermischt hat. Dein
Versuch sie trennen zu wollen, erinnert an jene geistlichen Kloster=
leute, die den Geist so hoch stellen, und wenn man's bei Licht
besieht, so können sie die Nacht ohne ein leiblich Ding nicht
haushalten. Darum finden wir keine Stadt ohne leibliche Bürger,
keine Messe ohne leibliches Zubehör, kein Fasten ohne Abbruch
leiblicher Speisen.

Am Schlusse seiner Schrift an den christlichen Adel hatte
Luther ausgerufen: „Wohlan, ich weiß noch ein Liedlein von
Rom. Juckt sie das Ohr, ich wills ihnen auch singen und die
Noten aufs Höchste stimmen." Erschreckt ob solchen „frevelhaften
Dräuens" wider den Papst, bittet ihn Murner zuletzt, um
Gotteswillen das nicht zu thun. „Ehr uns armen Christen da=
ran, so wir ihn für unsre Obrigkeit erkennen, ehr seinen Stand
und Würden und dich selber." Er erhebt zugleich gegen ihn den
später noch oft von ihm wiederholten Vorwurf, daß er in seinem
Schelten gegen den Papst nur „halbe Reden" führe, nämlich
immer nur das vorbringe, was diesem zur Schande gereiche,
dasjenige aber, was ihm zu „Fug und Glimpf" dienen könne,
vorsätzlich verschweige. Habe ihm Luther Mißbräuche vorzuwerfen,
die den Glauben nicht berühren, so könne er (Murner) schweigen,
da der Papst wohl wissen würde, sich selbst zu verantworten.
Wo aber wir und unser Glaube in seiner Person verletzt werden,
da können und wollen wirs nicht leiden und dürfen nicht stumm
bleiben.

Sachlich bedarf die Schrift keiner Erläuterung, wohl aber
ist es nötig, den eigentümlich bewegten Ton zu bezeugen, der
durch sie hindurchklingt. Auszug und Analyse vermögen davon
nur eine sehr verblaßte Anschauung zu geben; bei der Lektüre
der Schrift selbst aber spürt man rasch jene schon oben erwähnte

Unsicherheit des Schreibers, in der er zwischen Furcht und Bewun=
derung ratlos hin und her schwankt. Er ist zu klug, als daß
ihm die vielen Schäden und Mißbräuche der römischen Kirche
hätten verborgen bleiben können und nur zu viel ists, was ihm
Luther geradezu aus der Seele gesprochen hat; aber er ist zugleich
auch zu sehr der devote Diener jener Kirche, als daß ihn nicht
vor den Konsequenzen dieser an den Fundamenten rüttelnden
Kritik ein Grauen hätte überkommen sollen. Deutlich spiegelt
sich diese Stimmung sowohl in als zwischen den Zeilen wieder:
eine unklare Gärung und ein zielloses Hin und Her zwischen
Zustimmung und Ablehnung, zwischen der Freude an dem tapfer
dreinfahrenden Wittenberger und Abscheu vor dem Geruch der
Ketzerei, zwischen halben Zugeständnissen und starrem mönchischen
Eifer, der kein Jota der Tradition preisgeben will. Wohl redet
er als Anwalt des frommen Glaubens, den er dem armen Volke
nicht verwirren lassen will, aber dieser Glaube ist nichts andres
als die von der Papstkirche geforderte Devotion, die mit dem von
Luther aufgestellten Glaubensideale nicht das mindeste gemein
hat. Ihm ist eben die ganze Frage wesentlich nur eine Macht=
und Autoritätsfrage, da sein eigner religiöser Indifferentismus
ihn die religiösen Impulse der Bewegung völlig verkennen läßt.

Und das bedingt auch seine persönliche Stellung Luther
gegenüber. Daß er im Grunde seines Herzens an dem tapfern,
schlagfertigen, klugen und leidenschaftlichen Manne seine Freude
hatte, ist kaum zu bezweifeln. Auch der Berührungspunkte waren
genug vorhanden, die den einstigen Satiriker zu Zustimmung
und Beifall herausforderten. Was ihn verletzte, war zunächst
nur das Zuweitgehen des Augustiner Mönches und zwar, wie er
meinte, ein Zuweitgehen lediglich aus Erbitterung über ihm zu=
gefügtes Unrecht und aus Groll über die päpstliche Ungnade.
Eben deshalb hofft er noch immer, ihn von dem Aeußersten
zurückhalten und eine Verständigung herbeiführen zu können.
Noch lehnt er es darum ab, ihn geradezu für einen Ketzer zu
erklären, wenn er ihn auch im Eifer der Rede direkt als Husiten
bezeichnet hatte. Denn auf Luthers Bemerkung, man solle einen
Ketzer nicht mit Feuer, sondern mit der h. Schrift überwinden,
erwidert er: Da redest du sehr übel, weil niemand ein Ketzer

ist, denn der sich aus Verstockung nicht will belehren lassen. Den soll man billig verbrennen als einen verzweifelten Bösewicht, aber einen Irrenden, der sich will belehren lassen und der für keinen Ketzer geachtet wird, den soll man mit der heiligen Schrift freund= lich und mit christlicher Liebe zurechtweisen. Bleibt er jedoch verstockt, dann soll die Obrigkeit des Glaubens zu Recht erkennen. Denn wenn aus dem irrenden ein verstockter Ketzer wird, dann soll er billig durch Brand von dieser Welt gethan und als unfruchtbarer Baum ausgereutet werden. Und in der zweiten Ausgabe der „Ermahnung" fügt er ausdrücklich hinzu: er habe weder ihm noch Hans Hus Ungunst erzeigen und vor allem ihn, einen deutschen und gelehrten Mann, nicht verkleinern wollen. „Es handelt sich nur um Ergründung der Wahrheit. Darum bitte ich dich, meiner nicht zu schonen, denn du kannst vertrauen, daß ich dir und deinem Anhang ritterlich entgegnen will."

Schon in dem Büchlein von der Messe hatte Murner, wenn auch nur flüchtig, die Frage nach dem göttlichen Rechte der päpstlichen Monarchie gestreift, dessen Ungrund Luther in seiner gegen den Leipziger Franziskaner Alveld gerichteten Schrift „Vom Papsttum zu Rom" in leidenschaftlicher Erregung dar= gethan hatte. Ausführlich hatte Luther hier auf Grund der Schrift eine Erörterung des Begriffs der Kirche gegeben: sie ist die Gemeinschaft aller Christgläubigen auf Erden, zusammen= gehalten durch die eine Taufe, den einen Glauben, den einen Herrn, Christus. „Also daß es erlogen und erfunden ist und Christo als einem Lügner widerstrebt, wer da sagt, daß die Christenheit zu Rom oder an Rom gebunden sei. . . Denn was man glaubt, das ist nicht leiblich noch sichtlich. Die äußerliche römische Kirche sehen wir alle; drum mag sie nicht sein die rechte Kirche, die geglaubt wird, welche ist eine Gemeine oder Sammlung der Heiligen im Glauben; aber niemand sieht, wer heilig oder gläubig sei."[31]) Die Konsequenzen dieser Lehre von der Kirche lagen auf der Hand, denn „das Höchste und die Hauptsache des Glaubens ist es, wie Murner sagt, ob das Papst= tum von Christo gestiftet worden ist oder nicht." Er machte sich deshalb alsbald an die Untersuchung dieser Frage, und schon am

13. Dezember 1520 war seine Antwort auf Luthers Schrift vollendet. Ihr Titel lautet: „Von dem Papsttum, d. i. von der höchsten Obrigkeit des christlichen Glaubens"; ihr Drucker war wieder Johann Grüninger.³²)

An der Spitze des ersten Teils steht der Satz: „daß die christliche Obrigkeit von Christo Jesu gestiftet ist". Der Schriftbeweis liegt zunächst und vor allem in der Stelle Matth. 16, 18—19, aus der bisher von aller Welt die päpstliche Obrigkeit als von Christo gestiftet verstanden worden ist. Dreierlei folgt aus diesen Worten Christi: erstens, daß St. Petrus ein Felsen sei; zweitens, daß Christus auf denselben Felsen seine Kirche bauen will; drittens, daß er Petro die Gewalt der Schlüssel versprochen hat. Allerdings hat Christus auf sich selber als auf das göttliche und wahrhaftige Fundament seine Kirche gebaut, nichtsdestoweniger aber auch auf St. Petrus, wie wir ja auch Petrus ein Haupt der Christenheit nennen, ohne damit Christo den gleichen Titel streitig zu machen. Ich lasse mich von niemand, er sei, wer er wolle, dazu bringen, die Worte Christi anders zu verstehen, denn daß er Petrum einen Felsen genannt und auf denselben Felsen, d. i. auf Petrum, seine Kirche gegründet hat. Denn die Worte Christi sind klarer als die Sonne. Auch die Schlüsselgewalt Petri erhellt deutlich aus den Worten des Herrn: „Dir will ich geben die Schlüssel des Himmelreichs." Aus diesen Worten saugst du dein Gift und fragst uns, ob wir darin nicht sehen, daß die Schlüssel in seiner Person der Kirche gegeben seien. Du saugst Gift daraus, so laß mich Honig daraus saugen. Du willst das „dir Petro" auf alle zwölf Boten beziehen, da doch zwischen „dir" und „euch" ein großer Unterschied ist. Du verdrehst eben die Worte Christi um der Gemeinde weiszumachen, daß ihr jene Gewalt von Gott gegeben sei, während sie doch allein Petro und seinen Nachfolgern zusteht. O, sagst du weiter, das gebe Gott nimmermehr, daß die christliche Kirche auf einen Menschen gegründet sei. Was frag' ich danach, daß er ein Mensch ist, so ihn der Vater lehrt, der Sohn für ihn bittet, der h. Geist zu ihm kommt.

Luther wendet ferner ein: wenn Christus sage, auf diesen Felsen will ich meine Kirche setzen, so müsse unter dem Felsen das römische Papsttum verstanden werden; dann sei aber überhaupt keine Kirche gewesen vom Tode Christi bis zu der Zeit, da Petrus angefangen habe in Rom zu residieren. Eine kindische Rede von einem weisen Manne! Die Kirche und christliche Obrigkeit ist auf Petrus als auf einen Felsen gesetzt, und die Kirche oder das Papsttum ist bei Petrus gewesen, ob er nun zu Jerusalem, zu Antiochia oder zu Rom weilte. Aber weil er die längste Zeit zu Rom, nämlich fünfundzwanzig Jahre, gewohnt hat, dort gestorben ist und in derselben Hauptstadt seine Nachfolger ein= gesetzt hat, ist die Obrigkeit und das Papsttum der Christenheit zufällig das römische Papsttum genannt worden. Was geht das Papsttum der Name an? Nenne es, wie du willst, so bleibt es dennoch das christliche Papsttum und die Obrigkeit unsres Glaubens. Du aber wünschest, die Gemeinde hätte die Schlüssel und helfe dir damit Klöster und Kirchen zerstören. Doch bedarfst du dazu der Schlüssel Petri nicht, denn eine jede Axt ist zu deinem Vor= haben Schlüssels genug, die Geistlichkeit dermaßen zu reformieren. Heißt das reformieren, so ist Troja von den griechischen Königen auch reformiert worden und die Geistlichkeit von den Böhmen. Ei, mit was für Schützerei geht ihr um, und wie lange muß man doch euern schelligen Mutwillen leiden! Ich glaube, wenn die Menschen schwiegen, daß Gott, die Steine und die Kinder reden würden!

Ein andres Argument Luthers ist Petri Verleugnung des Herrn. Allmächtiger Gott, mit welch listigen Fünden möchtest du der Gemeinde die Schlüssel überliefern! Und wenn sie wirk= lich die Schlüssel von dir empfinge, so wären es doch immer nur die Schlüssel Doktor Luthers und nicht die Christi. Darum sag ich zu deinem Argument: daß St. Petrus, nachdem er die Schlüssel empfangen hat und durch den h. Geist befestigt worden ist, nimmermehr in dem Glauben geirrt hat. Der Grund, warum Petrus die Schlüssel empfing, war nicht sein Glaube, sondern der Wille Gottes; es ist deshalb ein Irrtum, daß die Schlüssel niemand empfangen kann, er wäre denn gläubig. „Ob aber ein Ungläubiger mag Papst sein, wiewohl ich nicht daran zweifle, laß ich jetzt unerörtert, dienet auch nicht zu dieser Sache." Aber, meint Luther, als Christus die Kirche gegründet, habe er gesagt,

„die Pforten der Hölle sollen dich nicht überwältigen." Darum
könne Petrus nicht der Fels sein, da eine Thürhüterin und eine
Magd ihn so überwunden haben, daß er Gott verleugnete. Ich
aber wiederhole: Petrus hat die Obrigkeit des christlichen Glaubens
in Kraft empfangen nach dem Tode Christi und danach haben
ihn die Pforten der Hölle mit Sünden nimmermehr beschwert.
Das Verleugnen ist vor dem Tode Christi geschehen und so kann
dieser Fall seiner päpstlichen Obrigkeit keinen Abbruch thun. So
hat also Luther nichts bewiesen, sondern „vergebens in die Luft
geblasen."

Die zweite Stelle der h. Schrift, auf die das göttliche Recht
der päpstlichen Monarchie sich gründet, ist Ev. Joh. 21, 15—17.
Auch diese Worte Christi sind bisher immer so, wie sie lauten, ver=
standen worden. Petro sind die Schafe Christi befohlen und ihm
damit das Hirtenamt übertragen worden. Daraus erhellt klar,
daß die päpstliche Obrigkeit in göttlichem Recht ihren Ursprung hat.
Doch nun kommt Doktor Martinus Luther und will das frevent=
lich bestreiten, thut das aber mit so schlechten, kindischen und
grundlosen Einreden, daß mich wundert, wo er seine Vernunft
gelassen hat. Wie dürfen wir, so fragt er, alle Schäflein Christi
Petro zusprechen, da doch alle zwölf Boten, jeder an einen besonderen
Ort, zu christlichen Schäflein gesendet und Paulus zu den heid=
nischen Schäflein verordnet war. Wohl sind die andren zwölf
Boten ausgesendet worden, den Schäflein Christi zu dienen, aber
nicht sie zu hüten und zu weiden. Weißt du aber nicht, was
hüten und weiden ist, so lerne es und bestreite nicht etwas, was
du nicht weißt. Auch wundert mich, wie du sagen kannst, jene
Worte seien zu ihnen allen geredet worden. Lies doch den Text
und findest du darin, daß Christus den andern zwölf Boten seine
Schäflein befohlen hat, so hast du recht, steht aber darin, daß er
sie Petro befohlen hat, so haben wir recht. Weiter meint Luther,
wenn Petro alle Schafe befohlen worden, so folge daraus, daß
diejenigen, die die andern zwölf Boten geweidet, nicht zu den
Schafen Christi gehörten. Ich will der thörichten Rede keine
andre Antwort geben, denn also: Sind dem Kaiser alle Bürger
des römischen Reiches befohlen und werden dennoch viele durch
„natürliche und erborene" Herrschaften regiert, so sind sie nicht

Bürger des Reichs. Ist mein Schluß richtig, so ist der deinige auch richtig. Ich weiß wohl, daß auch die andern Apostel den Schafen Christi geprediget und sie getauft haben, aber ich finde nicht, daß sie sie geweidet haben. Denn das Weiden bedeutet, dafür Sorge tragen, daß die Wölfe die Schafe nicht rauben und daß diese auf der rechten und guten Weide bleiben und das steht allein der Obrigkeit unsres Glaubens zu. Mit Gewalt Irrungen im christlichen Glauben abzuthun, und die Wölfe, wie du einer bist, abzuwehren, das ist ein Stücklein des Weidens. Die Apostel=geschichte erzählt von dem ersten Konzil der zwölf Boten zu Jerusalem, wobei niemand anders denn allein Petrus die Zwietracht geschlichtet und die Sentenz gefällt hat als die höchste Obrigkeit.

Luther meint ferner, da Christus Petro den Auftrag zu weiden gegeben, habe er ihn zuvor gefragt, ob er ihn lieb habe; wer also Christum nicht liebe, der solle auch nicht weiden. Aber das Hirtenamt steht und fällt nicht mit der Liebe, sondern mit der Berufung. Denn es liegt am Tag, daß ein Hirt wohl weiden und dennoch alle Schafe hassen mag. Hat Christus Petrum zur Liebe ermahnt, so hat er ihm damit nur zu verstehen geben wollen, daß die Liebe eine große Hilfe in der schweren Arbeit des Weidens ist. Zu der letzteren gehört im Notfall auch das Sterben für die Schafe, doch ist auch dabei vorausgesetzt, daß der Betreffende zu solcher Weide von Gott erwählt worden ist. Denn obschon die andern Apostel auch für ihre Schäflein gestorben sind, haben sie dennoch nicht geweidet, da sie zur Obrig=keit nicht erwählt waren.

Aber, so meint Luther weiter, die Berufung: „Weide meine Schafe", bedinge auch lehren, predigen und taufen, wo aber thue das der Papst? Darauf antworte ich: alle Schäflein zu weiden, ist einem Menschen unmöglich, er ist dazu auch nicht verbunden. Was des Papstes Aufgabe ist, will ich dir an einem Exempel klar machen. Du predigst auch und lehrest, und wenn der Papst nicht Sorge trüge, daß deine Lehre unschädlich gemacht wird, so würden wir bald sehen, was zuletzt daraus entstehen muß. Und wenn der Papst sein Lebtag nicht mehr thut, als deine vergiftete Lehre verdammen, so dünkt mich, er habe wohl geweidet und seinem Amte Genüge gethan. Darum ists unbillig, wenn du ihm vorwirfst, daß er in eigner Person nicht predige, lehre und taufe. Es ist doch auch nur Sache des Hirten, Hunde zu halten, die den Wolf beißen, und ist nicht sein Amt, das mit eignen Zähnen zu thun. Auch ists überhaupt ein Irrtum, Predigen, Lehren, Taufen zum Amt des Weidens zu rechnen, da es doch nur Werke des geistlichen Amtes, aber nicht des geistlichen Regimentes sind.³³) Und wenn du klagst, der Papst predige und lehre nicht, so sagst du damit doch nur, daß er übel hütet, nicht aber, daß er kein Hirt ist. „Ich will dir das aber zulassen, das ich doch selbst nicht glaube, dieser Papst sei der allerbösiste auf Erden, so solltest du dennoch um eines oder zweier willen die frommen h. Märtyrer Gottes und die früheren Päpste nicht also verachten. Es ist auch zu hoffen, daß uns der allmächtige Gott nach ihm auch wieder fromme und würdige Hirten und Päpste senden wird." Du aber bist wie unsinnig. Läßt man doch einen Mörder, einen Dieb, einen Ketzer, so er angeklagt wird, zum Verhör kommen: wenn du also den Papst in so viel bösen Stücken anklagst, sollte doch billig auch er zum Verhör kommen, wie es selbst einem Mörder vergönnt wird. Es ist vielleicht nicht alles wahr, dessen du ihn anklagst, und darum soll deiner Anklage nicht gänzlich geglaubt werden, bis wir des Papstes Antwort gehört haben. Wir wollen nicht leichtfertig sein und jemanden ohne Verantwortung seiner Ehre berauben. Denn wenn jedes Wort alsbald für wahr gelten sollte, wäre niemand auf Erden mehr seiner Ehre sicher, wovor uns Gott behüten wolle. Und namentlich soll dir nicht also geglaubt werden, da man sieht, daß du aus Neid und Haß die Obrigkeit unsres Glaubens schädigen willst. Ich will aber damit weder den Papst, noch die von dir erwähnten Mißbräuche beschönigt und gerechtfertigt haben, sondern ich will nur, daß man den Papst gegen deine Anklagen sich verantworten lasse.

Nachdem Murner so den Schriftbeweis geführt zu haben glaubt, wendet er sich im zweiten Hauptteile der Schrift zu den geistlichen Rechten. Denn es ist Luther nicht genug gewesen, mit grundlosen und leeren Worten das h. Evangelium zu bestreiten, sondern er muß auch dem geistlichen Rechte und den h. Lehrern spöttlich widersprechen, weil auch sie die Obrigkeit des Glaubens, die er gern der Gemeinde geben möchte, dem römischen Stuhle zuzusprechen. Doch hält sich Murner nicht lange bei dieser Frage auf, sondern beschäftigt sich alsbald mit einzelnen Klagen und Vorwürfen, die Luther in der Schrift an den Adel ausgesprochen hatte. Noch ist, ruft er aus, der Antichrist nicht gekommen. Woher kommt dir denn ein solcher Frevel, daß du den Papst den Antichrist nennst? Das ist nicht wahr, sondern du lügst es in deinen Hals also tief hinab, als du es herausgelogen hast. Denn wir wissen, daß Gott solche Obrigkeit christlichen Glaubens dem Antichrist nicht überlassen würde, da in dem Evangelium geschrieben steht, daß die Pforten der Hölle die Obrigkeit nicht überwältigen sollen. Du zeihst ferner den Papst der Hoffart, ich aber achte es für keine Hoffart, daß er sich nennen läßt, wie ihn Gott gestiftet hat. Denn ihm ist Gewalt gegeben, auf Erden und im Himmel zu binden und zu lösen, und solche Ehre ist nicht sein, sondern Christi und unsres heiligen Glaubens. Du wirfst ihm weiter vor, daß er der deutschen Nation das Mark aus den Knochen sauge, so daß wir alle fünf Jahre Deutschland wieder von ihm zurückkaufen müßten; er triebe Wucher mit den Pfründen, mit dem Ablaß, mit Butterbriefen und dergl., worüber du in dem „deutschen Adel" Klage führst. Zu dem allen sage ich: Thut euch der Papst Unrecht und bedrückt euch), so klagt am rechten Orte, daß es gebessert und euch geholfen werden möge. Was aber soll Karsthans und die aufrührerische Gemeinde dazu thun? Den Karsthans kenne ich, der versteht mit Pfaffen und Mönchen keinen Spaß, denn ich habe aus seinem eignen Munde gehört, man habe ihm drei Zipfel genommen und fechte um den vierten, er wolle wohl noch einmal mit dem Karst dreinschlagen. Darum rate ich der deutschen Nation, daß sie die Sache gütlich und vernünftig dem Kaiser vorstelle, damit er sie der päpstlichen Heiligkeit vortrage. Ich hoffe und vertraue, der Papst werde ihn gnädig erhören und mit uns väterlich und nicht tyrannisch verfahren.

Was weiter Luthers Bemerkungen über die Kirchengüter betrifft, so erwidere ich: Taufe sie in Gottes Namen und nenne sie, wie du willst: der Ostertag fällt dennoch auf einen Sonntag. Die Christen in unserer Kirche bedürfen solcher Güter zu leiblicher

Nahrung; deine Kirche aber ißt und trinkt nicht, betet auch nicht und hört und sieht nicht. Auch bedarf deine Kirche keines Hauptes, denn du sagst, es kann ein Leib nicht zwei Häupter haben. Es ist verdrießlich, über solch närrische Worte reden zu müssen. Dagegen gefällt mirs, daß du meinst, man solle der Priesterschaft Ehefrauen gestatten. Das geht den Glauben nicht sonderlich an und mag daher wohl erörtert werden. Ebenso ists mit dem Fasten. Aergerst du dich jedoch darüber, daß der Papst sich die Füße küssen läßt, so ist das für den Glauben völlig gleichgültig; du hättest diese Klage also wohl unterlassen können. Du aber mußt nach deiner Gewohnheit alle Dinge zum Bösen auslegen. Murner schließt, er habe Luther nur geantwortet, weil dieser aus Neid und Haß gegen den Papst das h. Evangelium antaste, nicht aber, weil der Papst ihm eine Belohnung gegeben oder er eine solche zu erwarten habe. Und er sei entschlossen, so weit ihm seine Zeit gestatte, Luthers deutschen Büchlein lateinisch und deutsch entgegenzutreten „mit bedachteren Reden". Dabei wolle er nochmals bezeugen, daß er keinerlei Mißbräuche rechtfertigen wolle, sondern diese dem Kaiser und den Kurfürsten zur Erwägung anheimstelle. So hoffe er denn, daß Luther dieses Schreiben in bester Meinung aufnehmen und nicht wie die Hippenbuben mit Lästerungen darauf antworten werde.

Wir haben hier im wesentlichen denselben leidenschaftlich bewegten Ton wie in der „Ermahnung": ein seltsames Gemisch von Sarkasmus und Pathos, gegen Luther persönlich bald hoch= fahrend und grob, bald salbungsvoll und seelsorgerisch. „Ich habe dich — so redet er Luther einmal an — nicht sehr geehrt in dieser Antwort, doch nimms für gut: denn ich ehre dich), wie du die Obrigkeit unsres Glaubens geehrt hast". Dabei ists aber höchst auffällig, mit welch geringem Respekt er selbst vom Papste spricht und wie er immer wieder recht geflissentlich die mannig= fachen Berührungspunkte mit dem Ketzer hervorkehrt. Auch mit seinem Ordensbruder Alveld geht er nicht eben glimpflich um und ist mit dessen Schrift „Ueber den apostolischen Stuhl" ebensowenig zufrieden, wie mit Luthers Antwort darauf. „Du (Luther) hippenbubst dich wahrlich tapfer aus mit einem Barfüßer= mönch aus Leipzig. . . Dagegen schenkt er dir auch nichts, und

ich kann nur sagen, daß ihr beide das Hippenfaß wohl aus=
geschüttet habt". Um so selbstzufriedener sieht er sein eignes
Werk an. Er versichert pathetisch bei seiner Seelen Seligkeit,
daß er gegen Luther nichts schreibe oder sage, denn was ihm
göttliche Wahrheit zu sein dünke, und in der zweiten Ausgabe
der Ermahnung stellt er seinem Büchlein vom Papsttum eigen=
händig das Zeugnis aus, daß er darin den göttlichen Ursprung
der christlichen Kirche, d. h. der päpstlichen Monarchie unwider=
leglich bewiesen habe.

„Dem geistlichen Stande rate ich garnichts, da mir das
nicht befohlen ist. Dem weltlichen aber möchte ich den Rat
geben, rechtlich zu handeln, falls noch ein Funke Ehrbarkeit in
ihm ist. Doch davon will ich in dem Deutschen Adel
weiteres sagen". Mit diesen Worten hatte Murner in der
Schrift vom Papsttum eine neue Arbeit angekündigt, die ihm
vor allem am Herzen lag und die er nun in fieberhafter Eile
vollendete. Denn seine bisherigen Proteste hatten den Siegeszug
von Luthers Schrift an den christlichen Adel, jener gewaltigsten
Sturmschrift gegen Rom, welche der Erfurter Augustiner Johann
Lang treffend als einen „Trompetenstoß zum Angriff" bezeichnet
hatte, nicht aufhalten können. Wie im Fluge hatte sie sich über
ganz Deutschland verbreitet; viertausend Abdrücke — eine für
die damalige Zeit fast unerhört große Zahl einer Auflage —
hatten für die Nachfrage nicht ausgereicht, so daß sich rasch auch
der Nachdruck dieses Schriftchens bemächtigt hatte. Und nicht
zuletzt war es doch gerade der von Luther angeschlagene nationale
Ton gewesen, der die Glut der Begeisterung entfacht hatte, da
noch niemals ein Deutscher mit glühenderem Patriotismus zu
seinem Volke gesprochen hatte, so daß sich Murners Appell an
seines Gegners nationale Gesinnung denn doch seltsam genug
ausnahm.

Auch in Straßburg selbst wurde Luthers Schrift an den
Adel nachgedruckt,[34]) und mit Schrecken mochte unser Franzis=
kaner sehen, wie sie in allen Schichten des Volkes, auf den Höhen
und in den Tiefen, die Herzen und die Geister beschäftigte. So
erschien es ihm denn als Gewissenspflicht, noch einmal gegen

das aufrührerische Buch seine Stimme zu erheben, und schon am
Weihnachtsabend 1520 war der Druck seiner Schrift „an den
großmächtigsten und durchlauchtigsten Adel deutscher
Nation" durch Johannes Grüninger vollendet worden.[35]
Bereits in den letzten Tagen des Jahres konnte Petrus
Francisci aus Hagenau (es muß dahin gestellt bleiben, wer
hinter diesem Pseudonym zu suchen ist,) das Buch an Luther
übersenden;[36] etliche Wochen später (8. Februar 1521) berichtete
der Nuntius Aleander aus Worms, daß eine „angeblich recht
tüchtige Schrift in deutscher Sprache, die sich gegen Luthers
Rede an den Adel deutscher Nation wende", erschienen sei.[37]

Dieses freilich nur aus zweiter Hand geschöpfte Lob des
Römers ist insofern nicht unverdient, als Murners Schrift
jedenfalls unter den drei beachtenswerten Erwiderungen, die dem
Aufrufe Luthers aus dem Lager der alten Kirche zu Teil wurden,
nach Form und Inhalt am höchsten steht. Als erster war
Johann Eck[38] auf den Plan getreten, während unmittelbar
nach Murners Schrift, am Tage Fabian und Sebastian (20. Januar)
1521 Hieronymus Emsers Protest „wider das unchristliche
Buch Martin Luthers[39] erschienen war: diese beiden aber über=
trifft der Straßburger Franziskaner nicht nur an Frische und
Schlagfertigkeit, sondern auch an sachlicher Schärfe, während zu=
gleich auch der Ton seiner Polemik von dem der beiden andern
vorteilhaft absticht. Allerdings ist sein Ton schon ein wesentlich
andrer als in seiner „brüderlichen Ermahnung" und es fehlt
keineswegs an derben Ausfällen und Scheltworten; aber nach
dem Maße ihrer Zeit gemessen war diese Polemik immerhin noch
leidlich würdig und ritterlich.

Wie Luther in seiner Schrift direkt die kaiserliche Majestät
apostrophiert hatte, so schickt auch Murner der seinigen eine
Ansprache an Kaiser Karl voraus. Catilina, d. h. Doktor
Luther ist von den Toten auferstanden, um die Edelsten des
Reichs zu bürgerlichem Aufruhr zu erwecken, den Vater wider
seine Kinder, Unterthanen gegen ihre Obrigkeit, auf daß alle
Dinge dermaßen vermischt und verwickelt würden, daß man Papst,
Kaiser, König, Bischof, Bader oder Sauhirt nicht mehr werde
unterscheiden können. Zwar sind die Beschwerden der deutschen

Nation über die päpstliche Regierung und ihre Gelderpressungen, wie sie in Luthers Schrift formuliert worden sind, nicht völlig grundlos, und er (Murner) will die thatsächlich vorhandenen Mißbräuche, wie beispielsweise Ablaßbriefe, Dispense und Butter= briefe, keineswegs verteidigen; aber klagen muß er dem Kaiser, daß solche Beschwerden durch Martin Luther, der offenbar ein zorniger und unbesonnener Mann ist, auf eine so ungeschickte, unchristliche und unwahrhaftige Weise vorgetragen werden, daß niemand zweifeln kann, er nehme solche Beschwerden über römische Mißbräuche nur zum Deckmantel, um unsern Glauben umzukehren, sein Gift auszugießen und husitische und wiklifitische Botschaften zu verkündigen. Darum stelle er (Murner) der kaiserlichen Majestät demütiglich vor, mitsamt dem durchlauchtigsten Adel „christliche Augen auf unsern Glauben zu werfen, in dem wir verhoffen selig zu werden". Möge deshalb der Kaiser diesem Catilina gebieten, den Glauben unangetastet zu lassen, und möge er alsdann die Beschwerden über Mißbräuche, Bürden und un= leidliche Tyrannei prüfen und in Gemeinschaft mit den Kurfürsten dem Uebel zu steuern suchen. Jene andern Händel Luthers aber gehörten vor einen andren Richterstuhl, sei es nun vor ein Konzil, oder je nach kaiserlichem Willen vor ein andres Kollegium.

Sodann wendet er sich an Luther selbst,[40] zwar in sehr viel schärferen Ausdrücken als etliche Monate zuvor in seiner „Ermahnung", aber doch immer noch in einem Tone, der ein Gefühl des Respekts vor dem tapferen Wittenberger nicht ver= kennen läßt. Ja, er beginnt mit einer höflichen Verbeugung vor dem „besonders gelehrten Manne", dessen sich billig die Christen= heit erfreuen sollte, wenn er nicht leider seine Kunst und Vernunft zum Schaden des Vaterlands und zur Zerstörung des Glaubens anwendete. Wie viel lieber würden wir einem so geschickten Manne Lob, Ehre und Preis zollen! Aber Luther selbst hat Gunst in Ungunst verwandelt, indem er mit ungewaschenen Händen den Glauben angetastet und sich nicht geschämt hat, den frommen Kaiser und den deutschen Adel zur Beschirmung seines unwahr= haftigen, aufrührerischen, unsinnigen und frevelhaften Fürnehmens aufzurufen. Daß er „unserem friedsamen Blut aus Oesterreich" solchen Aufruhr angeraten habe, sei nur daraus zu erklären, daß er sich einmal als Hofnarr habe aufspielen wollen, etwa nach dem Beispiel des Erasmus von Rotterdam, der ja auch in Gestalt eines Narren die Wahrheit geredet habe. „Darum dir als einem Narren, wie Salomo spricht, billig nach deiner Narrheit geantwortet werden soll, auf daß du dich nicht für einen Weisen achtest". Und auch hier schließt er mit der Mahnung, Luther möge davon abstehen, Sachen des Glaubens vor den Unverständigen zu verhandeln und Zweifel wachzurufen, dann wollten sie alle dazu mithelfen, daß ihm seine mannigfaltigen Missethaten gnädig verziehen würden.

Als die erste papierne Mauer der Romanisten hatte Luther [41]) jene gleißnerische Erfindung angegriffen, wonach ein Unterschied zwischen dem geistlichen und weltlichen Stande vorhanden sei, während doch nach der Lehre der Schrift durch Taufe, Evangelium und Glaube alle Christen gleich geistlichen Standes, alle zum königlichen Priestertume berufen seien. „Denn Taufe, Evangelium und Glauben, die machen allein geistlich und zu Christenvolk". Und an einer andren Stelle: „Christus hat nicht zwei noch zweierlei Körper, einen weltlich, den andern geistlich: Ein Haupt ist und einen Körper hat er".[42]) Damit war die erste Mauer, daß die weltliche Obrigkeit kein Recht über die Romanisten habe, umgeworfen. Gegen diese These wendet sich Murner im ersten Abschnitt seiner Schrift. Nach seiner Gewohnheit, so bemerkt er, führe Luther die Schrift ins Feld und zitiere St. Paulum (1. Kor. 12,) welcher sage, daß wir alle ein Körper seien, an dem jedes Glied sein eigen Werk habe und Christus das Haupt sei; auch hätten wir alle ein Evangelium, eine Taufe, einen Glauben und seien dadurch, alle geistlichen Standes. Luther habe jedoch den Ausdruck corpus völlig mißverstanden, da dieser nichts anders bedeute als eine Versammlung, wie man etwa sage corpus capituli, die Versammlung des Kapitels.[43]) Luther mißbrauche hier die lateinische Sprache und lege die heilige Schrift wider ihren Sinn und Verstand aus. Wolle man sagen, alle Christen seien geistlichen Standes in Ansehung ihres Glaubens und der Vereinigung in Christo, so könnte man mit demselben Rechte sagen, wir seien alle miteinander im ersten Grade verwandt und Schwester und Bruder in dem einen Adam, oder wir wären alle abligen Standes, da wir alle einen gemeinsamen Vater, Christum, haben.

Hatte Luther ferner, um den von den Römischen reklamierten character indelebilis des Priesters als Erdichtung darzuthun, aus 1. Petr. 2. behauptet, daß wir alle durch die Taufe Könige und Priester seien,[44]) so meint Murner dagegen, die Stelle „ihr seid ein auserwähltes Volk und königliche Priesterschaft" bedeute etwa so viel, als ob man sage, ihr Deutschen seid ein kaiserliches Reich, womit doch nicht gemeint sei, daß jeder Deutsche ein Kaiser sei. Deshalb, fährt er fort, ist es auch nicht wahr, daß geschrieben steht, die Taufe mache alle Christen zu Pfaffen und und Pfäffinnen, sondern der Sinn ist folgender: Gott hat uns gemacht ein Reich und ein Priestertum; wer aber in einem Reiche ist, der ist darum noch kein König. Und aus der Zugehörigkeit zum Priestertum folgern wollen, daß jeder einzelne ein Priester sei, das sei just so thöricht, als wenn man sage, daß, weil der Kaiser aus Württemberg ein Herzogtum gemacht, jeder Württem= berger ein Herzog geworden sei. Und mache wirklich die Taufe Pfaffen und Pfäffin, wie sind denn die zwölf Boten Pfaffen geworden in der Taufe? „Sprichst du, sie seien getauft worden, so zeig mir das in der heiligen Schrift, sonst glaub' ich dir so wenig als du uns glaubst. Du willst uns nichts ohne Schrift glauben, so will ich dir auch nicht ohne Schrift glauben, denn was dir recht ist, ist mir billig".

Als zweite Mauer der Romanisten hatte Luther bezeichnet, „daß sie allein wollen Meister der Schrift sein, ob sie schon ihr Lebelang nichts drinnen lernen. Sie vermessen sich allein der Obrigkeit, gaukeln vor uns mit unverschämten Worten, der Papst könne nicht irren im Glauben, er sei böse oder fromm und können doch nicht einen Buchstaben davon beweisen. . . Drum ist es eine frevelhaft erdichtete Fabel, daß des Papsts allein sei, die Schrift auszulegen, oder ihre Auslegung zu bestätigen".[45]) Auch Murner erörtert dementsprechend im zweiten Abschnitt die Frage, wer in „Spänen christlichen Glaubens zu erkennen und Irrtümer zu entscheiden habe". Seine Antwort ist kurz und bündig: niemand anders denn St. Petrus und seine Nachfolger, wie aus der Schrift leicht zu beweisen sei. Denn im

15. Kapitel der Apostelgeschichte werde erzählt, daß auf dem Konzil der Apostel allein Petrus das entscheidende Wort gesprochen habe, und Christus selbst habe zu Petrus gesagt (Lukas 22. 32.): „Ich habe für dich gebetet, daß dein Glaube nicht aufhöre. Darum kehre um und bestätige auch deine Brüder". Ausdrücklich sei eine solche Bestätigung des Glaubens kraft der Schlüssel des Himmelreichs St. Petro gegeben, nicht aber der Gemeinde, denn es steht geschrieben: „Petre, dir will ich geben". „Heißt Petre die Gemeinde, fügt er hinzu, so hast du recht, ist es aber ein eigner Name, so haben wir recht".

Die dritte Mauer endlich, daß nur der Papst das Recht habe, ein Konzil zu berufen, fällt nach Luthers bisheriger Aus= führung von selbst zusammen. Murner seinerseits läßt diese Frage offen. Denn es bleibe zweifelhaft, ob jenes Recht dem Papste oder der gemeinen Christenheit zustehe, „in welchem Zweifel etliche aus Gunst dem Papste zu viel geben, die andern, wie Luther, aus Ungunst dem Papste zu viel nehmen". Man müsse das Mittel treffen, dem Papste seine Gewalt erhalten und doch zugleich auch der Christenheit ihr Recht wahren. Es könne jedoch nur „zu einem Bundschuh" und zu unsinnigem Aufruhr dienen, wenn man mit Schmachbüchlein und Scheltworten der Gemeinde geben wolle, was billig der Obrigkeit zugehöre. Denn die heilige Schrift lehre, daß die Unterthanen ihre Beschwerden vernünftig vortragen und die Obrigkeiten ihnen mit ihrer Gewalt zu Hilfe kommen sollen, nicht aber einen solchen Aufruhr erregen, der doch schließlich seine eignen Urheber verschlingen müsse. Auch seien Luthers Gründe für ein Konzil bei Lichte besehen bloß Scheingründe. Es ist „gräulich und schrecklich anzusehen, so hatte dieser geschrieben, daß der Oberste in der Christenheit, der sich Christi Stellvertreter und St. Peters Nachfolger rühmt, so weltlich und prächtig fährt. . . Er trägt eine dreifältige Krone, während die höchsten Könige nur eine Krone tragen: gleicht sich das mit dem armen Christo und St. Petro, so ists ein neu gleichsen".[46] Für den Glauben, meint Murner dagegen, sei das doch völlig gleichgiltig. Die drei Kronen bedeuten die heilige Dreifaltigkeit, und kein Mensch sehe darin ein Zeichen der Hoffart außer Luther, der sich nun einmal vorgenommen habe, alle Dinge zum Bösen

zu kehren. So ereifere er sich auch darüber, daß der Papst sich
den Allerheiligsten nennen lasse und wolle auch dies Stück auf
einem Konzil verhandelt wissen. Wo hier die Hoffart liege, sei
ebenfalls unersindlich, denn der Papst sei der Allerheiligste doch
nicht in Anbetracht seiner Person, sondern seines Amtes.

Zum Schlusse wendet sich Murner endlich an die Edelleute
selbst mit der Mahnung, den Glauben zu verfechten und zu
beschirmen, indem er sie spöttisch darauf hinweist, daß ja Luther
sie alle ihres abligen Standes beraubt und zu Pfaffen gemacht
habe. Er wiederholt noch einmal, daß Luther keineswegs in
allen Dingen Unrecht habe, allein er mißbrauche seine Kunst,
seine Vernunft und die heilige Schrift, um durch den Adel die
armen Schäflein Christi zum Unglauben zu verführen. Sollten
wir jedoch, so schließt er, dem Doktor Luther, „den wir für ein
Glori und Ehr des deutschen Landes halten", etwas zugelegt
haben, das nicht seine Meinung ist, so wollen wir brüderlich
seine Erklärungen annehmen; sollte er aber unsre brüderliche
Gunst verachten und gegen uns, wie er pflegt, seinen zornigen
Kopf brauchen, so möge der Adel erkennen, was die Billigkeit
erfordert. Und er fügt hinzu: Damit niemand diese ohne Namen
erschienene Schrift für ein Schmachbüchlein halte, habe er dem
Bischof von Straßburg Namen und Person bekannt, die dieser,
wo es ihm notwendig scheinen sollte, eröffnen werde.

Die sachlichen Ausführungen der Schrift sind, wie man
sieht, ziemlich dürftig und lediglich Wiederholungen des schon
früher Gesagten. Murner leugnet das von Luther behauptete
allgemeine Priestertum und verteidigt das Pontifikat Petri: das
ist der dogmatische Kernpunkt seiner Streitschrift. Und er be=
wegt sich hier ganz auf dem gleichen Boden wie sein Ordens=
bruder Alveld, dem Luther in seiner Schrift „Vom Papsttum
zu Rom" geantwortet hatte, und wie Sylvester Prierias,
dessen kühne Definition der päpstlichen Machtvollkommenheit den
letzten Anstoß zu der Schrift an den Adel gegeben hatte; es lag
daher für Luther sachlich kein Anlaß vor, Murners Buch einer
Erwiderung zu würdigen, und zwar vollends nicht, da es für
die Diskussion auch nicht einen neuen Gesichtspunkt eröffnete.
Eigentümlich ist auch diese Schrift nur durch die darin aus=

3*

gesprochenen zahlreichen Zugeständnisse und durch den abermaligen Versuch, auf Grund und wegen dieser mannigfachen Berührungs= punkte über die Lehre von der Kirche zu einer Verständigung zu gelangen. Es giebt das auch ihrem ganzen Ton jene schon mehrfach erwähnte Unsicherheit, die vor allem in der Behandlung der Person Luthers drastisch sich ausspricht. Allerdings fehlt es nicht an leidenschaftlichen und bissigen Ausfällen: ich erinnere an den Vergleich mit Catilina oder an den Passus über den Hofnarren, oder an die folgende Stelle: „Sie malen den heiligen Geist auf dein Haupt, als ob er aus dir redete: nun merke ich erst, daß der heilige Geist auch unsinnig reden kann. Doch sag ich dazu, wo du wahr redest, da redet ohne Zweifel der heilige Geist aus dir, denn alle Wahrheit ist aus Gott, wo du aber nicht wahr redest, da redet sicher der Teufel aus dir, der ein Vater ist aller Lügen. Darum möchte ich raten, man male dir sie beide auf dein Haupt, den heiligen Geist auf die eine Seite und den Teufel auf die andre Seite und die Stadt Prag in die Mitte". Daneben aber immer wieder die Beteuerung des Respekts vor Luthers Gelehrsamkeit und die Versicherung, daß er beileibe nicht in allen Dingen unrecht, sondern vielfach durch= aus „wohl und christlich" gelehrt habe. Auch bezeichnet er diese Berührungspunkte mit aller wünschenswerten Deutlichkeit. Er erklärt ausdrücklich, daß es ihm nicht in den Sinn komme die „Uebelthaten der Romanisten" zu verteidigen oder sie „in ihrem Mutwillen halsstarrig" zu machen. Er weiß sich eins mit Luther in der Klage über den Mißbrauch, „mit mancherlei Schinderei Ablaß zu geben" und Seelen aus dem Fegefeuer zu verkaufen. Auch er verurteilt Dispense und Butterbriefe. Auch den Cölibat will er prinzipiell preisgeben.' Denn hatte Luther in Sachen der Ehe der Priester ausgeführt, es sei doch besser, ihnen eheliche Weiber als Beischläferinnen zu gestatten, so bemerkt Murner dazu: „das laß ich alles stehen, da es dem Glauben weder giebt noch nimmt, und will die gemeine Christenheit das zulassen, so bin ichs wohl zufrieden". Freilich meint er, daß die Christenheit nicht ohne Grund von der Priesterschaft das Gelübde der Keuschheit fordere, doch wolle sie es im Namen Gottes ein= hellig abthun, so werde die Priesterschaft gerne gehorsam sein.

Auch mit der „Fülle der Gesetze" hält er es mit Luther, denn
da seien viele Gebote, die wahrlich besser abgethan würden. Nur
allzuviel würde jetzt gegen die geschriebenen Gebote gesündigt
und es wäre dringend zu wünschen, man hebe sie gütlich auf,
damit die Gewissen dieser Sünden ledig würden. Von dem
Bann endlich will er hier schweigen, da er in einem andren
Büchlein darüber zu reden beabsichtige. „Das sage ich aber mit
vollem Munde, daß der Bann also verachtet ist, daran hat niemand
schuld, denn die Geistlichen und Bischöfe, die ihn so leichtfertig
und oft nur um drei Haselnüsse und zwei Taubendreck brauchen
oder richtiger mißbrauchen. Darum hat sich die Geistlichkeit gar
nichts zu beklagen, da niemand daran schuld hat, denn sie
selber".⁴⁷)

Luthers Schrift an den Adel war zu Anfang Oktober seine
große lateinische Reformationsschrift von der babylonischen
Gefangenschaft der Kirche gefolgt, seine geistesmächtigste und
in gewissem Sinne radikalste Schrift, mit der er seinen Bruch
mit der römischen Kirche besiegelte. Und es ist eine auffallende
Erscheinung, daß eben diese Schrift in Murner ihren Verdeutscher
fand.⁴⁸) Man hat bekanntlich aus dieser Thatsache eine zeitweilige
Hinneigung unsres Franziskaners zur Reformation folgern wollen,
und man darf, wie mir scheint, diese Annahme nicht ohne weiteres
von der Hand weisen. Aber immerhin ist in dieser Frage manches
dunkel, so daß man über Vermutungen schwerlich hinauskommen
wird. Erhalten sind uns nur ein paar Aeußerungen, die auf
die Geschichte dieses Schriftchens einiges Licht werfen. Luther
erwähnte die Ueberjetzung 1522 in seiner „Antwort deutsch auf
König Heinrichs von England Buch", indem er bemerkte, daß es
ihm, obwohl er das Licht nicht scheue, nicht gefallen habe, daß
jene Schrift verdeutscht worden sei, weil es sein giftiger Feind
gethan habe, um ihn zu schänden, und „gar selten troffen wird,
was ich selbst nicht verdeutsche". Erregt replizierte Murner darauf
in seiner Schrift „Ob der König aus England ein Lügner sei
oder der Luther";⁴⁹) Luther thue ihm Unrecht, wenn er ihn
seinen giftigen Feind nenne, da er keines Menschen Feind auf
Erden sei. Auch habe er in seiner Verdeutschung der babylonischen

Gefangenschaft Luthers Worte nicht gefälscht, sondern sein Latein nach seinem Vermögen ins Deutsche übertragen. „Ist ihm dasselbige Buch zur Schande, so hat er sich selber geschändet und nicht ich, da ich seines Buchs kein Macher, sondern ein Dolmetsch gewesen bin". Dazu kommt ferner als drittes Zeugnis eine Aeußerung Michael Stiefels, der in seiner „Antwort auf Th. Murnars murnarrische Phantasei"⁵⁰) gegen den Ueberseßer ganz direkt die Anklage auf Fälschung erhebt, von der er sich mit eignen Augen überzeugt habe. Bestreite Murner das, so thue er es als ein „unschamhaftiger Mensch". „Seine Handschrift hab ich gesehen, in der ich sein Bosheit erfunden hab... Wiewohl es nicht also gedruckt worden ist, als dieser Fälscher gefälscht hat. Dessen mag man ihn überführen mit seiner Handschrift, die er als ein recht gedeutscht Werk für sieben Gulden in die Druckerei verkauft hat." Und endlich deutet eine Notiz⁵¹) darauf hin, daß sich Sebastian Brant merkwürdigerweise dem Druck der Ueberseßung anfänglich widersetzt zu haben scheint, wofür bei der von ihm geübten weitherzigen Censurpraxis ein triftiger Grund zunächst nicht ersichtlich ist.

So weit die Quellen, die für die Feststellung des Sachverhalts wenigstens einigen Anhalt bieten. Zugleich müssen wir aber auch die Daten im Auge behalten. Da Luthers de captivitate Babylonica in den ersten Oktobertagen ausgegeben wurde, so wird Murner sie vermutlich in Händen gehabt haben, noch ehe er seine „Christliche und brüderliche Ermahnung", die das Impressum vom 10. November trägt, in den Druck gab, während der Aufruf an den Adel, wie aus dem Text der „Ermahnung" klar hervorgeht, ihm erst zukam, als jene nahezu vollendet war. Es ist demnach immerhin möglich, daß er sich unter dem ersten unmittelbaren Eindruck jener gewaltigen Schrift von der babylonischen Gefangenschaft alsbald an die Ueberseßung machte, daß diese aber stecken blieb, als ihm über der Arbeit die ganze Tragweite des Lutherschen Angriffs zum Bewußtsein kam, und daß sich dadurch der Druck bis zum Anfang des folgenden Jahres verzögerte. Ihn liegen zu lassen lag nicht in seiner an die Oeffentlichkeit drängenden Art, aber er mochte nun wohl in der That beabsichtigt haben, durch Einschiebsel und Verdrehungen die

Spitze der Ueberſetzung gegen Luther zu kehren und damit ſein
Gewiſſen zu reinigen. Denn Stiefels poſitiver Angabe zu miß=
trauen, liegt kein Grund vor, und es iſt immerhin charakteriſtiſch,
daß Murner ſelbſt in jener Verwahrung Luther gegenüber ſich
gegen einen Vorwurf verteidigte, den dieſer gar nicht erhoben
hatte. Hier ſcheint ihm alſo das böſe Gewiſſen einen Streich
geſpielt und ſeine aus unbekannten Gründen vereitelte Abſicht
verraten zu haben. Und aus dieſer bewußten Fälſchung erklärt
ſich vielleicht auch der Widerſpruch Brants, denn ſeine ehrliche
Natur mochte Bedenken getragen haben, ein ſo unlauteres Mach=
werk durch ſeine Druckerlaubnis zu decken. Doch kommen wir,
wie geſagt, über ein non liquet nicht hinaus, denn es iſt andrer=
ſeits ebenſo gut möglich, daß es ſich bei dieſer Ueberſetzung für
Murner lediglich um eine Geldſpekulation handelte. Jedenfalls
haben wir hier die merkwürdige Thatſache, daß diejenige Schrift
Luthers, die den Widerſpruch zwiſchen der ganzen römiſchen
Heilslehre und der h. Schrift aufdeckte und am kühnſten gegen
den römiſchen Antichriſt zu Felde zog, durch den Mann verdeutſcht
und dadurch den weiteſten Kreiſen zugänglich gemacht worden iſt,
der zu gleicher Zeit ihren Verfaſſer als aufrühreriſchen Catilina
unermüdlich befehdete.

Und zu einem neuen Ausfall gegen Luther bot ſich eben
jetzt abermals die Gelegenheit. Am 10. Dezember 1520 hatte
Luther die „kühnſte ſeiner Thaten" vollbracht und die päpſtlichen
Rechtsbücher mitſamt der Bannbulle den Flammen übergeben
worauf er über dieſen Schritt alsbald lateiniſch und deutſch
Rechenſchaft ablegte.⁵²) Der Eindruck dieſer Demonſtration war
ungeheuer. Er habe ſich hoch gewundert, verſicherte Murner,
daß ein Menſch ſich unterſtanden habe, das geiſtliche Recht zu
verbrennen, und ſeit er der That verſichert worden, habe ihn
„Tag und Nacht gebürſtet", die Urſachen, warum das geſchehen,
zu erfahren. Nun machte er ſich über Luthers Rechtfertigung her
und verſah jeden Artikel mit ſeinen Gloſſen, damit der gemeine
Mann ermeſſen könne, ob jene That billig oder unbillig geſchehen
ſei. Schon am 17. Februar 1521 konnte ſeine Erwiderung⁵³)
ausgegeben werden.

Auch hier wieder tritt überall das Beſtreben zu Tage,

Luthers Lehre als aufrührerisch darzuthun. Gleich in den ersten
drei Artikeln sei es handgreiflich zu spüren, daß Luther den
Kaiser wider den Papst hetzen wolle, doch sei zu hoffen, daß der
allmächtige Gott beide Häupter der Christenheit in seligem Frieden
bewahren werde. Hatte Luther ferner im 21. Artikel nachgewiesen,
daß der Papst sich des „römischen Reiches Erben" nenne, so
behauptet Murner auch hier, nachdem er seinen Gegner über den
Unterschied von successor und heres belehrt hat, daß er solche
Unwahrheit nur schreibe, um den friedsamen König und Kaiser
mit dem Papste zu verunreinigen, wie denn alle seine Artikel
nur zu Aufruhr und unerhörten Neuerungen dienlich seien.
Und zum Schluß rekapituliert er den gesamten Inhalt der Schrift
dahin, daß sie lediglich darauf abziele, dem Papste seine Obrigkeit
zu nehmen und ihn dem Kaiser zu unterwerfen, desgleichen alle
Geistlichen der weltlichen Obrigkeit. Er (Murner) aber hoffe,
das „fromme und friedenreiche Blut aus Oesterreich" werde
Gottes Ordnung auf Erden den Vorrang lassen.

In den einzelnen Glossen begegnen wir zumeist Wiederholungen
dessen, was Murner bereits früher gegen Luther vorgebracht hatte.
Und unter den alten Vorwürfen steht natürlich wieder der oben=
an, daß Luther dem Papst zu viel beilege und alles zum Bösen
kehre. Mißgönne er dem Papste die höchste Obrigkeit, so möge
er Christum darum schelten, der sie ihm gegeben habe. „Meinstu
sein person so schweig ich), meinstu aber dz babstenthum vnd die
höchst oberkeit vnsers glabens von Christo erstifftet so laß ich
dir das in keinem weg zu, das von eincherley mißbruchs halben
das sol abgethon werden, das Christus vff gesetzet hat, sunst
miestе man auch das keyserthum abthun, wenn wir einen böse
keyser hetten." Ebensowenig fehlt der andre Vorwurf, daß Luther
die Schrift willkürlich drehe und wende. „Du machst dir selber
ein heilige geschrifft, wie sie dir dienet, das dir nit gebüret."
Die letzten Artikel endlich erklärt Murner insgesamt für erdichtet
und niemand werde Luther seine Behauptungen glauben, außer
jenen leichtfertigen Leuten, die alles glauben, was man ihnen
vorredet. „Darumb sitz nider vnd bewer mit der geschrifft die
artickel so du dem bapst vnd dem geistlichen rechten mit der
vnwarheit felschlich zu geleget hast, wenn wir dz von dir sehen,

follen uns on antwürt nit finden wie fast du schellig wietest wider alle die so wider dich schriben."

Er schließt auch hier mit der Versicherung, daß, wenn man der Römer „überschwänglichen Mißbrauch" ins Feld führe, er sich nie „um ein Haar" unterstanden habe, diesen zu vertreten und das auch fürder nicht thun wolle. Auch hier erklärt er sich einverstanden mit Luthers Forderung (im 17. Art.), die vielen Fastengebote u. s. w. abzuthun: man müsse den Papst demütig bitten, daß er uns dieser Beschwerden väterlich entledige. „Dan ich ie auch ein deutscher bin, die bißhar der fasten nit hoch seint geriemet worden." Daß aber das geistliche Recht wider das Evangelium sei, müßte anders bewiesen werden, als es Luther in seiner Rechtfertigung gethan habe. Hier habe er nur leeres Stroh gedroschen. Und nur um der Wahrheit willen habe er (Murner) alledem, was er für Unwahrheit halte, in bester Meinung widersprochen, „als mir Gott an meinem letzten Ende gnädig sei." Er habe es keinem Menschen zu Leid oder Nachteil, noch jemandem zu Förderung oder Gunst gethan. Was er hier geschrieben, sei in „eilender, gemeiner Rede" geschehen, doch behalte er sich vor, sich in andern nachfolgenden Büchern besser zu deklarieren.

Unsres Franziskaners rührige Schriftstellerei war Luther nicht unbekannt geblieben. Schon am 4. Dezember 1520 hatte ihm Wolfgang Capito[54]) aus Mainz von den ersten beiden Schriften Murners Nachricht gegeben und ihn zugleich über die Persönlich= keit des Schreibers dahin orientiert, daß sein Ruf nicht der beste sei. Noch eingehender hatte Ende des Jahres Petrus Francisci aus Hagenau an Luther berichtet,[55]) indem er ihm zugleich die beiden Schriften „Vom Papsttum" und „An den Adel" über= mittelte. Zwar zweifle er nicht, so schrieb er, daß Luther sie bereits besitzen werde, doch werde ihm wohl der Name des Ver= fassers nicht bekannt sein, da beide Bücher anonym erschienen seien. Vermutlich habe Murner seinen Namen aus dem Grunde verschwiegen, weil er den Ausgang des Handels abwarten wolle: unterliege er, so brauche niemand zu wissen, daß er der Verfasser sei; bleibe er aber Sieger, so gelinge es ihm vielleicht, eine

Belohnung vom Papste herauszuschlagen. Eine Antwort Luthers
werde von vielen gewünscht, nicht als ob Murners Geschwätz
dieser Ehre wert sei, sondern nur, damit Luther seinem Namen
dieselbe Unsterblichkeit verleihe, wie den Namen der Sylvester,
Eck, Emser, Alveld und andrer. „Thus der Freunde wegen.
Denn schon rühmt sich jener weit und breit, daß er dich über=
wunden habe." Und auch dieser Briefschreiber weist zum Schlusse
nachdrücklich auf des Franziskaners schlechten Leumund hin: in
Straßburg werde er von aller Welt verachtet und ausgelacht.⁵⁶)

Doch Luther hatte zunächst wichtigeres zu thun und er=
wähnte nur ganz gelegentlich diesen neuen Gegner in Briefen an
Staupitz, Johann Lang und Spalatin.⁵⁷) „Murner verachte
ich",⁵⁸) so schrieb er an den letzteren und fügte etwas später
hinzu: Emsern wolle er seiner „unsauberen Verlogenheit" wegen
antworten; Murnern jedoch könne ers noch nicht und wie könnte
ers überhaupt Allen?⁵⁹) Doch blieb er ihm die Erwiderung
nicht schuldig, denn zu Ende März 1521 erschien seine Schrift:
„Auf das überchristliche Buch Bocks Emsers",⁶⁰) deren letzter
Abschnitt „An den Murnar" überschrieben war. Auf wenigen
Seiten hält er hier mit Murners langatmiger Schreiberei Ab=
rechnung: mit souveräner Ironie, in heiterster Laune und mit
jener inneren Freiheit, durch die selbst seine derbste und rücksichts=
loseste Polemik geadelt wird.

In treuherzigem Tone hebt er an, Murner möge nur nicht
glauben, daß er (Luther) seine gute Meinung verachte. Denn
aufs erste Mal wolle er ihm glauben, trotz allen, die ihn anders
abmalen. Zwar sei er Emsers Gesell, indem er gleich diesem
seine Sache auf Menschenlehre und Gewohnheit stelle, aber er
lüge wenigstens nicht wie Emser,⁶¹) und darum solle ihm denn
auch hiemit eine Antwort zu teil werden.

Zunächst giebt Luther eine schlagende Charakteristik der
Taktik, die jene beiden Gegner wider ihn anwenden. Schon
vorher hatte er gegen Emsers fortwährende Berufung auf die
Gewohnheit treffend bemerkt: „Ich sicht den Priesterstand an,
der ein Ursach und Anheber gewesen ist dieser Gewohnheit, und
nicht wiederum. So antwortest du mir durch die Gewohnheit.
Das ist eben, als wenn ich spräche: der Rock soll den Schneider

und der Schuh soll den Schuster machen." In ähnlicher Weise
leuchtet er jetzt Murner heim: „Ihr seid mir wunderliche Kriegs=
leute... Ich führe Schrift wider eure Menschenlehre und Gewohn=
heit, so fahret ihr einher, als hättet ihrs erstritten, die Menschenlehre
und Gewohnheit sei recht und dringt mich nur auf die Folge
und wollet damit mich von der Schrift reißen. Hilf Gott, kann
ich euch denn nicht in die Schrift bringen?" Und noch drastischer
kennzeichnet er die Taktik Murners mit den Worten: „Ich
schlage euch an die Köpfe, so verbindet ihr die Füße. Ich zünde
das Dach an, so löscht ihr im Keller. Wie? wollt ihr Faßnachts=
spiel aus dem Ernst machen? ... Lieben Brüder, trinkt ihr
aus ledigen Kandeln und zählet Geld aus leeren Taschen; die
Kunst hab ich noch nicht gelernt."

Wir erinnern uns, daß Murner wiederholt mit zweiund=
dreißig Schriften wider Luther gedroht hatte. Ob er, fragt
Luther darauf, glaube, ihn damit abzuschrecken. „Hältst du mich,
lieber Murnar, für den Narren, daß ich mit dir oder jemand
darob streiten wolle, wer am meisten schwätzen und das letzte
Wort behalten kann? Solcher Ruhm wäre dir ohne Not gewesen.
Es ist kündig genug, wenn man dich nach deiner Zungen wiegen
sollte, wo der Ausschlag hinfallen würde. Es ist möglicher, daß
der Rhein versiege, denn daß dirs an Worten gebreche... Ich
acht aber, solltest du mit Schriften handeln, es würde dir das
Triplizieren behend vergehen und an einem Papierbogen viel
Raums übrig bleiben... Laß den schwätzigen Wortler Thomas
Murner daheim; widerlege meine Schrift mit besserer Schrift,
zeig deiner Lehre Grund an, fahr heraus ans Licht ... Schrift,
Murnar! Murnar, Schrift! oder such einen andern Kämpfer.
Ich hab mehr zu thun, denn deines schriftlosen Geschwätzes zu
warten."

Nach diesen persönlichen Vorbemerkungen kommt Luther zur
Sache selbst. Er habe die christliche Kirche eine geistliche Ver=
sammlung genannt, worüber Murner spotte, er wolle eine Kirche
bauen, wie Plato eine Stadt,[62]) die nirgends wäre, während doch
die christliche Kirche ohne leibliche Stadt, Raum und Güter nicht
bestehen könne. Warum aber antworte er nicht auf seine Sprüche
Ephes. 6, 9, Lukas 17, 20—21 und Ev. Joh. 3, 6.? „Wie dünkt

dich, Murnar? Ich mein, du reitest nun auch fein einher mit
deiner Kirchen auf leiblichen Pferden, Städten und Türmen...
Zeig mir einen Buchstaben in der Schrift, daß zeitlich Raum,
Statt oder Gebäu zu Kirchen gehören, so will ich nicht mehr
fordern und bald folgen". Und in fast wörtlicher Ueber=
einstimmung mit seinen Ausführungen in der Schrift „Von dem
Papsttum zu Rom" [63]) faßt er nochmals seine Lehre von der
Kirche dahin zusammen: „Alle Christen in der Welt beten also:
Ich glaub an den heiligen Geist, eine heilige christliche Kirche,
Gemeinschaft der Heiligen. Ist der Artikel wahr, so folgt daraus,
daß die heilige christliche Kirche niemand sehen kann noch fühlen,
mag auch nicht sagen, siehe, hie oder da ist sie. Denn was man
glaubt, das siehet oder empfindet man nicht... Wiederum, was
man aber siehet oder empfindet, das glaubt man nicht. Ist das
nicht klar genug, lieber Murner und Emser?"
        Luther wendet sich dann zu Murners Beweisführung aus
Matth. 16, 18: Tu es Petrus. „Ich habe, schreibt er, in der
ganzen Schrift keinen stärkeren Text wider das Papsttum, denn
eben diesen Spruch, welchen du für den einigen, stärksten Grund
des Papsttums hältst". Er hatte schon vorher [64]) Emser gegen=
über seine Stellung zu der Frage des Pontifikats Petri unzwei=
deutig klargelegt. Des Apostels Aufenthalt in Rom vermöge
weder er noch sonst jemand zu beweisen. Er sei auch kein
Artikel des Glaubens, und niemand sei deshalb ein Ketzer, weil
er nicht glaube, daß Petrus je zu Rom gewesen sei. Das
sicherste sei, man lasse die Frage offen, denn wir sind nicht
mehr schuldig zu glauben, als was uns Gott in der Schrift zu
glauben geboten hat. „Ich achte aber, hatte er hinzugefügt, daß
aus sonderlichem Rat Gottes geschehen sei, daß St. Paulus und
nicht St. Petrus Romfahrt in die Schrift kommen ist. Denn
er hat wohl vorgesehen, wie die Papisten würden darauf ihr
Papsttum bauen. Darum hat er sie in Dreck und Sand gesetzt,
ehe sie angefangen zu bauen und keinen gewissen Grund gelassen.
Denn wo nicht gewißlich mit der Schrift mag erwiesen werden,
daß St. Peter zu Rom gesessen hab (als nicht möglich ist), liegt
das Papsttum schon im Kath und ist ganz nichts". Hier nun
wiederholt er nochmals Murner gegenüber: wenn des Papsttums

Gebäude nur auf jenen Spruch gegründet sei, so sei es gerade
so, als ob ein toller Mensch einen Strohhut aufs Feuer setze.
„Mir gilt der Hauptspruch Christi mehr, denn alle Lehrer und
Väter, wie heilig und gelehrt sie immer sein mögen. Christi
Worte sind klar genug und bedürfen keiner Glossen. Nun thu
deinen Fleiß mit allen Papisten, und richte mir das Papsttum
wieder auf diesen Spruch und mach dein Wort wahr; sonst will
ich dir auf kein ander Ding antworten“.

Zum Schluß wird Murner die Andeutung nicht erspart,
wie andre Leute über sein Büchlein urteilten, und Luther fügt
zum Beweise dessen etliche Reime bei, die ihm vom Rhein her
zugeschickt worden seien, um ihn zu überzeugen, daß eine Antwort
seinerseits auf Murners Schreiberei durchaus nicht von nöten sei.

> Doktor Murner, wie ich bericht,
> Hat aber ein Nacht gschlafen nicht,
> Zwei neuer Büchlein zugericht,
> Darzu er sich fast hoch erbricht,
> Doktor Luthers Schriften ansicht,
> Wiewohl er ganz darneben sticht —

so beginnt dieser „Reim von Doktor Murner“, und anknüpfend
an die Verse:

> Verdunkeln will er helles Licht
> So sichs verbergen lässet nicht —

beschließt Luther das Büchlein: „O, bessert euch, lieben Brüder,
die Schrift kommt an den Tag, der Menschen Augen wachen auf:
ihr werdet eure Sachen müssen anders schmücken, oder das helle
Licht wird euch zu schanden machen. Ich warne euch treulich“.

Drittes Kapitel.

„Murnarr".

Ach du armer MVMar was haftu gethon,
Das du also blind in der heylgen schrift bist gon?
Des mustu in der kutten lyden pin,
Aller glerten MURRNARR must du sin,
Ohe ho lieber Murnar —

so schloß ein kleines lateinisches, im Dezember 1520 erschienenes Schriftchen [65]) wider Murner von Matthias Gnidius, der diesem zu Anfang des nächsten Jahres unter dem Pseudonym Raphael Musäus die witzige Spottschrift Murnarus Levi= athan [66]) folgen ließ. Der Verfasser führte sich selbst als alten Bekannten unsers Mönchs ein, der vor Zeiten mit ihm in Basel, Frankfurt und Trier in „großer Freundschaft" gelebt habe; er habe deshalb auch keineswegs einen persönlichen Haß gegen ihn, sondern sei nur der Gotteslästerung gram, durch welche Murner die evangelische Lehre unsres Herrn Jesu Christi und St. Pauli befleckt habe. Aber dennoch sind beide Schriften voll von persönlichen Ausfällen und Schmähungen. Spöttisch erinnert Gnidius in der Defensio seinen Gegner an den Handel mit Wimpfeling; er höhnt über sein barbarisches Latein; er wirft ihm seine Habgier vor, ja beschuldigt ihn direkt nur um Geldes willen zu schreiben, und läßt es endlich dahingestellt, ob seine Unwissenheit oder seine Unverschämtheit größer sei. Und im Murnarus Leviathan, in dem er nebenbei auch den Straßburger Juristen Weddel aufs Korn nimmt, zeichnet er ein Lebensbild Murners, das zwar nicht nur in seinen äußeren Umrissen, sondern auch in zahlreichen Details auf einen gut orientierten Verfasser schließen läßt, aber doch durch das emsige Zusammentragen alles üblen Klatsches und durch seine tendenziöse Ausbeutung als historische Quelle einiges Mißtrauen erwecken muß. Gnidius hatte damit nicht nur das Signal zu dem litterarischen Kleinkriege wider Murner gegeben, sondern er hatte zugleich auch den nachfolgenden Pamphletisten das Material unterbreitet, das denn auch in der an Murners Namen sich anheftenden Satiren= und Pasquillenlitteratur aufs gründlichste verwertet ward.

Der von Murner wider Luther begonnene Streit wurde von nun an mehr und mehr auf das rein persönliche Gebiet hinübergespielt; er wurde zudem mit einem male auf des Barfüßers Heimatboden übertragen, wo er nun bei der persönlichen Stellung des viel angefeindeten Mannes rasch einen ganz besonders heftigen und gereizten Charakter annehmen mußte. Es ist in diesem Streit auf beiden Seiten viel gesündigt worden, und daß an dem gehässigen, aufs schärfste persönlich zugespitzten Ton der Diskussion zunächst diejenigen die Schuld trugen, die sich dem rührigen Kuttenträger gegenüber zu Rittern Luthers aufwarfen, ist unbestreitbar. Aber dieses jähe Losbrechen des lange ver= haltenen Ingrimms, der sich nun in Spott und Hohn und in den rücksichtslosesten Invektiven Luft macht, wird uns doch ange= sichts der ganzen Persönlichkeit des also Angegriffenen einiger= maßen erklärlich. Noch überall hatte Murner Anstoß erregt; überall hatte er eine Rolle zu spielen versucht, die mit seinen Leistungen nicht im mindesten im Einklang stand; überall hatte er Händel angezettelt, hatte in alle Wissenschaften hineingepfuscht und überall durch sein dreistes und protziges Auftreten Aergernis erregt. Selbst mit seinen Ordensbrüdern, denen er ein gründlich unbequemer Hausgenosse sein mochte, hatte er niemals auf einen leidlichen Fuß kommen können, vielmehr auch hier Zank und Hader ohn Unterlaß. Dazu kam endlich ein höchst bedenklicher sittlicher Leumund, der sich nun einmal unentrinnbar an seine Fersen geheftet hatte — kein Wunder daher, daß das alles nun zusammenkam, um den neuen Streit zu verbittern und zu ver= schärfen und daß nun zugleich auch die Erinnerung an alles das, was ihm hier und dort Uebles nachgesagt worden war, aufs neue lebendig wurde. So konnte es denn kommen, daß gerade er für die Zeitgenossen unter allen Gegnern Luthers der populärste und zugleich der verächtlichste wurde und daß er nun auch in der Pamphletlitteratur jener Tage eine Rolle spielen mußte, zu der ihn seine antilutherische Schriftstellerei allein schwerlich berechtigte.

Ihm selbst mußten jene beiden, in Straßburg vielfach ver= breiteten Flugschriften gerade wegen seiner ohnehin heiklen Position doppelt empfindlich sein, doch wars immerhin ein kleiner Trost, daß sie dank ihrer lateinischen Fassung auf engere Kreise beschränkt blieben. Aber rasch folgten nun Schlag auf Schlag auch ein paar bitterböse deutsche Schriftchen, aus denen der von Gnidius aus Wimpfelings Epigramm wieder aufgestöberte Spottname „Murnarr" noch weit lauter und in weit größeren Kreisen wiederklang. Als Murnarr figurierte er nun fortan in der ge= samten Streitlitteratur jener pasquillenreichen Zeit, während er zugleich in der bildlichen Darstellung einmal wie das andre mal mit dem Katzenkopfe erscheint, und somit bald als Narr, bald als Kater verspottet wird. Schon auf dem Holzschnitt zu der Satire „das Wolffgesang",[67]) die am Oberrhein in der zweiten Hälfte des Jahres 1520 entstanden ist, erscheint ein die Laute schlagender Mönch mit dem Katzenkopfe, womit sicherlich unser Barfüßer gemeint ist, und jetzt, zu Anfang des Jahres 1521 sang von ihm ein Spottgedicht:[68])

Ist kumen gar bey nach von sin
Als er wolt straffen Luthers schrifft
Ward er zur katzen vnd speiwet gifft. . .

Nun tauchten in der ersten Hälfte des Jahres 1521 fast gleichzeitig in Straßburg zwei wider ihn gerichtete Schriften in deutscher Sprache auf: die „Frag und Antwort Symonis Hessi"[69]) und der „Karsthans". Das erste, im Mai ge= schriebene Büchlein, als dessen Verfasser man wohl mit Fug und Recht Urbanus Rhegius betrachten darf,[70]) verherrlicht in Gesprächsform Luthers Auftreten in Worms und ist durch= weg ein „Reflex des gewaltigen Eindrucks, den dasselbe allent= halben in Deutschland hervorgerufen hatte". Im Laufe dieses Gesprächs nun kommt die Rede auch auf den Murnarr, von

dem Heſſus verſichert, er habe mit ſeinen antilutheriſchen Schriften
nur die Schande zudecken wollen, die er in Baſel ſich zugezogen habe.
Auf Luthers Frage, was denn das für Schande geweſen ſei, giebt
ihm Heſſus einen ausführlichen Bericht [71]) über Murners dortige
Doktorpromotion, womit denn das von Raphael Muſäus dar=
gebotene biographiſche Material noch um ein neues dankbares
Kapitel vermehrt worden iſt. Am bitterſten war jedoch der auch
hier wieder, wenn auch nur verblümt, gegen Murner erhobene
Vorwurf, daß ſein ganzes Auftreten wider Luther lediglich durch
die Hoffnung auf klingenden Lohn beſtimmt worden ſei: „Es iſt
das Geſchrei und liegt am Tage, daß ſie weder Geld noch Arbeit
geſpart haben, um dich (Luther) gebunden dem Feuer zu über=
liefern, und es geht das Geſchrei, es ſeien dazu viel tauſend
Dukaten ausgegeben worden, da ſich niemand unter den Gelehrten
gefunden habe, der ſich hätte mit Geld beſtechen laſſen, um mit
dir zu disputieren oder wider dich zu ſchreiben. . . Und nun
beſieh, was er für theologiſche Bücher hat ausgehen laſſen: er
meint, er reite auf ſeiner Gäuchmatte".

Schon etliche Wochen früher war — wahrſcheinlich in Straßburg
ſelbſt — der gleichfalls in Geſprächsform gehaltene „Karſthans" [72])
erſchienen. geſchmückt mit einem die redenden Perſonen darſtellenden
Holzſchnitt: Mercurius als bärtiger Alter in Pelzbarett und Talar,
Murner mit Katerkopf in der Franziskanerkutte, der Student im
Talar, Karſthans in ſpitzer Mütze mit Feder, Wams, Schurz,
kurzen Hoſen und Bundſchuhen, den Karſt auf der rechten Schulter
und ein Schwert an der rechten Seite. Murner wird als Katze
eingeführt, bis Karſthans entdeckt, daß er ein geiſtlicher Mann
ſei. Sein Sohn, der Student, der es mit Murner hält, berichtet
ihm von des Ankömmlings Titeln und Würden: er ſei ein
gekrönter Poet, ein Doktor beider Rechte und Doktor der
Theologie, dazu ein Ordensmann und heiße Thomas Murner
von Straßburg. Doch gerade der Hinweis auf die Kutte imponiert
dem Karſthans nicht im mindeſten: „Ich hör wol, der orden ligt
allein an der kutten, mag darneben wol ein bub ſyn". [73]) Mittler=
weile klopft Luther ans Thor, worauf Murner bittet, ihn durch eine
Hinterthür hinauszulaſſen, da er ein Zuſammentreffen mit jenem
vermeiden müſſe. Denn er habe ſich verpflichtet, ihm zu beweiſen,

daß er ein Ketzer sei, ziehe es aber doch vor, eine mündliche Aus=
sprache zu vermeiden. Wohl hoffe er in Spitzworten nicht zu
unterliegen, aber Luther wolle alles durch das Evangelium und
durch St. Paulum beweisen, worin er nicht bewandert sei, da er
sich mehr mit Gäuchmatten, Narrenbeschwören und dergleichen
Theologie beschäftigt habe. Im Laufe dieses Gesprächs wird ihm
von Karsthans scharf zugesetzt: habe der Papst dem Dr. Eck
für seine Arbeit fünfhundert Dukaten bezahlt, so werde wohl auch
Murner auf einen ähnlichen Lohn gehofft haben. Wir haben also
auch hier wieder die für Murner empfindlichste Anschuldigung,
daß er lediglich als päpstlicher Lohnschreiber seinen Feldzug gegen
Luther unternommen habe. Er selbst verweist dem gegenüber
auf die zwei bei Grüninger erschienenen Schriften, diejenige „vom
Papsttum", die er als ein „köstliches, ein wohlgegründetes
Büchlein" anpreist, und die „brüderliche Ermahnung", aus
denen man ersehen möge, ob er „ein katz oder rölling" oder
ein rechter christlicher Lehrer sei — worauf er noch gerade recht=
zeitig bei Luthers Eintritt durch eine andre Thür davonläuft.

In dem zweiten Teile der Flugschrift wird dann an jenen
beiden und der Murnerschen Schrift „an den Adel" eine scharfe
Kritik geübt, in der Karsthans ganz in Lutherschen Gedanken lebt und
webt und mit derber, echt volkstümlicher Beredsamkeit und mit
überraschender Schriftkenntnis seiner antipäpstlichen Gesinnung
Ausdruck giebt. Und drastisch endlich charakterisiert er unsres
Franziskaners Taktik in jenen wider Luther gerichteten Schriften,
wenn er auf den Einwand des Studenten, daß Murner doch
seinem Gegner einen hohen Titel gebe und züchtig zu reden an=
hebe, erwidert: „Er ist eine böse Katze, die vorn leckt und
hinten kratzt."

Dieses Pamphlet vor allem brachte Murner dermaßen in
Harnisch, daß er am 13. Januar 1521 von Sebastian Brant
nichts geringeres als das Verbot aller ketzerischen Schriften
forderte,[74] ein Ansinnen, auf das einzugehen dieser rundweg
verweigerte. Infolgedessen erließ Murner am 8. März eine
gedruckte Protestation,[75] „daß er wider Dr. Martin Luther
nichts unrechtes gehandelt habe", und erwirkte vom Rate
die Erlaubnis, dieses Plakat an zwölf Orten innerhalb der Stadt

anschlagen zu lassen. Zugleich nahm freilich der Rat die Gelegen=
heit wahr, ihn zu ermahnen, „endlich einmal stille zu stehen und
weiterhin meine Herren unbemühet zu lassen; denn sie bedünke,
daß es seinethalb in ihrer Stadt mehr denn genug sei"; doch
gab er ihm zu seinem Troste das Versprechen, „daß die Büchlein,
so unter der Hand unter dem Namen Karsthans, und zu Aufruhr
allein dienstlich, nicht mehr feilgeboten werden sollten, und zwar
bei Turmstrafe für den Uebertreter."[76]) Jene Ermahnung des
Rats und die in der Straßburger Bürgerschaft herrschende Stimmung
erklären wohl den überraschend maßvollen Ton, in dem die
‚Protestation‘ gehalten ist: ihr Verfasser findet sich mit Glück
und Geschick in die Rolle des Gekränkten und Verfolgten und
weiß so wehleidige Töne anzuschlagen, daß man in dem Schrift=
stück den bissigen Satiriker kaum wiedererkennt. Er, der h. Schrift
und beider Rechte Doktor — so beginnt er — thue hiemit zu
wissen, daß zu Straßburg etliche Büchlein des ehrwürdigen,
hochgelehrten und geistlichen Herrn D. M. Luthers ausgegangen
seien, die, wie er festiglich glaube, vielfach unwahrhaftig, ungläubig
und unchristlich seien. Darum habe er kraft seiner Pflichten,
Gelübde und Eid, als ein öffentlicher Prediger und Lehrer der
h. Schrift jene Schriften Luthers in zweiunddreißig Büchlein in
alledem bekämpft, worin sie seiner Meinung nach der Wahrheit
zuwiderliefen. Er habe geglaubt, damit niemanden zu verletzen
oder zu beleidigen. Seinen Vorgesetzten habe er sich pflichtschuldigst
als Verfasser bekannt, es aber nicht für nötig erachtet, jedem
einzelnen seinen Namen zu entdecken, da es ihm nicht um die
Person, sondern nur um die Sache zu thun sei, gemäß dem
Spruche, daß es nicht darauf ankomme, wer rede, sondern was
geredet werde. Er habe deutsch geschrieben, weil auch Luthers
Büchlein deutsch geschrieben seien, und in der Hoffnung, dadurch
am ehesten die brennenden Flammen des aufgeblasenen Unglaubens
löschen zu können. Er habe solches gethan mit christlicher Mä=
ßigung, ohne je den obengenannten hochgelehrten Doktor zu
schmähen. Auch mit dem ehrenfesten und hochgelehrten Herrn
Ulrich von Hutten habe er in allen seinen Schriften nichts als
Liebes und Gutes im Sinne gehabt, da er ihm billig als einem
gelehrten Edelmanne von Herzen günstig sei. Er gehöre zu keiner

4*

Partei und habe keine fremde Sache zu vertreten, sondern ihm
sei es allein um die christliche Wahrheit zu thun, um das heilige
Amt der Messe und des Gedächtnisses des Leidens Christi, die
Luther seiner Meinung nach nicht wenig geschädigt und ver=
unglimpft habe. Wohl sei auch er ein Mensch und könne irren,
und gern sei er deshalb bereit zu lernen, nicht allein von Luther,
sondern von einem jeden, der ihn anders lehren und unterweisen
könne. Denn Rede und Widerrede, mit christlicher Mäßigkeit
geführt, könne nur zur Ergründung der Wahrheit dienen. So
habe er also weder gesündigt noch Unrecht gethan, sondern nur
das, was ihm als einem frommen Christen, als öffentlichem
Prediger und Doktor der h. Schrift gebühre: nämlich die einfältige
Christenheit in ihrem frommen Glauben zu erhalten und zu
stärken. Dessenungeachtet hätten sich etliche ohne Nennung ihres
Namens zusammengerottet und zwei Büchlein ausgehen lassen,
darin sie seine Ehre und seinen väterlichen Namen geschändet,
seinen Doktortitel angezweifelt und ihn als einen Mann hingestellt
hätten, der nichts wisse, auch seine Schriften nicht selbst geschrieben
habe, auch ihm allerhand nachgesagt, was er in jüngeren Tagen
begangen haben solle — Dinge, deren ihn sein Lebtag kein
frommer, wahrhaftiger Mann mit bekanntem Namen je geziehen
habe. Er gebe allen Christenmenschen wahrheitsgemäß, ohn' allen
Ruhm, die Versicherung, daß, wenn er seine Schmäher kennte, er
seine Ehre dermaßen retten wollte, daß jedermann sehen müßte,
wie er um seinen frommen und gut beleumundeten Namen besorgt
sei. Da aber jene anonymen Pamphletisten ihm vorwürfen, er
hätte auf seinen Büchern seinen Namen aus Furcht, nicht aber
aus Demut verschwiegen, so bekenne er hiermit öffentlich, daß er
die sechs Büchlein, die Hans Grüninger zu Straßburg gedruckt
hat, und sechsundzwanzig, die er noch zu drucken willens sei,
allein gemacht und geschrieben habe. Er bezeuge auch ausdrücklich
den hochgelehrten Herren Dr. Peter Wyckram (Geilers Neffe und
und Nachfolger im Predigtamte) und Magister Hieronymus
Gebwiler, daß sie ihm weder mit Rat noch That dabei geholfen
hätten. Auch wolle er diese Schriften vor jedermann verantworten,
sei es in Basel oder Freiburg, in Metz oder Heidelberg; nur
auf seine Kosten nach Wittenberg zu laufen falle ihm nicht

ein, da es von Straßburg bis dorthin ebenso weit sei, wie umgekehrt.

Nachdem er sodann feierlich die rechtmäßige Erlangung seiner Doktorgrade bezeugt hat, wendet er sich zum Schlusse in leiden=schaftlicherem Tone wider die „ehrlosen, meineidigen Bösewichter", die ihm seinen ehrlichen väterlichen Namen verunstalteten. Denn wenn das gestattet werden sollte, daß jeder Böswillige namenlos den Nächsten mit Schmähbüchlein also schänden dürfe, so wäre niemand auf Erden mehr seiner Ehre sicher.⁷⁷) „Heißet das Doktor Luther beschirmet, so beschirmet auch also ein jeder Hippen=bub sein Faß." Darum sei es seine demütige, freundliche Bitte an alle Christenmenschen, daß sie solchen unwahrhaftigen Reden seiner Widersacher keinen Glauben schenken möchten. „Ich halte sie" — so schließt er — „für ehrlose, meineidige Bösewichter, und hoffe auch, es werde sie jeder fromme Mann dafür halten, bis sie sich nennen, oder solche mir angethane Schmach mit offenem Visir wider mich vorbringen."

Aber dieser Protest hatte keineswegs die gewünschte Wirkung. Schon im Mai wurde im Elsaß ein neues Flugblatt verbreitet — ein Dialog zwischen einem Pfarrer und einem Schult=heiß⁷⁸) — worin auch Murner wieder mit allerhand spitzen Bemerkungen bedacht und vor allem auch, was ihm besonders kränkend sein mußte, der „Karsthans" beifällig citiert worden war. Ohne Kunst und Vernunft — so äußert hier der Pfarrer — habe der „Murnarr" sich unterstanden, den Luther zu strafen, während er doch weit besser zu einem „Bengelprediger", als zu einem Ausleger der h. Schrift geschickt sei, da er in „Narren=beschwörung", „Schelmenzunft", der „Gretmüllerin Jahrtag" und dem „Ulenspiegel" doch nur wenig „aus der Bibel allegiert" habe. Und kurz vor Jahresschluß kam gar aus Wittenberg ein Pamphlet, dessen Titelholzschnitt sechs Hauptfeinde Luthers in Tiergestalt darstellte, unter denen natürlich auch Murner wieder vertreten war. Verfasser des ziemlich salzlosen: „Eine kurze Anrede zu allen Mißgünstigen Doktor Luthers und der christlichen Freiheit"⁷⁹) betitelten Schriftchens war Johann Agricola, der seinen eignen Versen eine prosaische Anrede vorausgeschickt hatte, die mit Ausnahme eines kleinen Zusatzes

der Schlußrede des Murnarus Leviathan (Bl. Diij) entnommen
war, nur daß der Uebersetzer allerhand Anzüglichkeiten auf
Persönlichkeiten, die in Sachsen bekannter waren, mit einflocht.
Denn jene Satire des Gnidius hatte es, wie wir sahen, aus=
schließlich mit den Straßburgern Murner und Weddel zu thun,
während hier Emser, Aleander, Eck und der Freiburger Dominikaner
Thamm den Reigen vervollständigten. „Hört, hört, alle Freunde
der Wahrheit und des Herrn Christi! — so beginnt jene Anrede —
hört und seht die elenden, unseligen und verzweifelten Feinde
D. Luthers, den Thomas Murner und den Kreter Wedel. Vor
wenig Tagen sind sie Menschen gewesen, aber jetzt sind sie durch
eine Betrügung, die sie ihnen selbst gemacht haben, durch eines
Teufels Zuthun und Zauberei, welcher Plutus, das ist Reichtum,
heißt, der Murnar in einen Drachen, der Wedel in eine Sau,
der Emser in einen Bock, Doktor Thamm in einen Eselskopf,
Aleander in einen Löwen und Eck mit dem Questenwedel ver=
wandelt worden. Welche wir euch deshalb öffentlich vorgestellt
haben, damit euch das Furcht und Schrecken einjage, auf
daß ihr nicht auch in wilde, unvernünftige Tiere verwandelt
werdet."

Murner schwieg einstweilen. Von den sechsundzwanzig anti=
lutherischen Schriften, die er im März öffentlich in Aussicht
gestellt hatte, trat zunächst keine ans Tageslicht, und weder jene
Pamphlete, noch die ihm zugleich mit Emser durch Luther zu
teil gewordene Abfertigung würdigte er fürs erste einer Er=
widerung. Emser[80]) seinerseits hatte mit der Antwort nicht
lange gezögert, während Luther, dem Murners „Protestation"
schwerlich bekannt geworden sein wird, noch am 26. Mai von
der Wartburg aus nicht ohne Verwunderung an Melanchthon
schrieb: „Murner tacet."[81]) Ueber die Gründe dieses immerhin
befremdlichen Schweigens Vermutungen anzustellen, wäre zwecklos;
wir wissen nur, daß Murner im Herbst mit der Herausgabe
seiner „kaiserlichen Stadtrechten" beschäftigt war, [deren Druck
Grüninger „am St. Michaels Abend" vollendete, während im
übrigen seine Thätigkeit in diesem Zeitraum völlig im Dunkel liegt.

Erst im folgenden Frühjahr (1522) sehen wir ihn abermals
in die kirchlichen Kämpfe eingreifen. Den Anstoß gab ihm ein

Schriftchen des aus Eßlingen gebürtigen Augustiners Michael Stiefel,⁸²) dessen Hauptinhalt ein „überaus schön künstlich Lied in Bruder Veiten Ton"⁸³) bildete, ein Lied, in dem der Engel aus der Offenbarung (14,6) zum ersten male auf Luther gedeutet ist. Wir vernehmen auch in diesen Versen einen Wiederklang des gewaltigen Eindrucks, den die Wormser Ereignisse im Volke hervorgerufen hatten:

> Sein hertz zu Gott er nayget
> recht als ein Christen man,
> Die gschrifft er rain absehget,
> kain wußt laßt er daran,
> Zu Worms er sich erzahget,
> er trat keck auff den plan,
> Sein feynd hat er geschwayget
> tainr dorfft jn wenden an.

Umrahmt sind diese Liederstrophen von einer prosaischen, durchweg in den Gedanken und Bildern der Offenbarung lebenden Auslegung, in der jene Deutung des Engels auf Luther ganz ausdrücklich bestätigt und gerechtfertigt wird: „Ich will ihn nennen diesen Engel: er heißt Martinus Luther. Dich soll auch nicht hindern, daß ein Engel oder Geist nicht Fleisch und Bein hat, als ein Mensch. Denn das findet man in der heiligen Schrift, daß heilige Menschen, die den Weg Gottes lehren, Engel genannt werden. . . Ein Engel ist auch ein Bote Gottes genannt, was ohne Zweifel der Luther ist, welcher das Wort Gottes so lauter und rein verkündiget". (Bl. Aiij.)

Auf diese Verherrlichung des Reformators antwortete Murner auf einem fliegenden Blatte mit „Einem neuen Liede von dem Untergange des christlichen Glaubens in Bruder Veitens Ton",⁸⁴) in dem er noch einmal alles das wider die neue Lehre zusammenfaßte, was er früher schon in seinen antilutherischen Schriften behandelt hatte. Nur war natürlich hier in dieser knapperen Liedform seine Klage weit eindringlicher und wirkungs= voller; man spürt in diesen Versen wirklich etwas wie eine tiefere ernni Erregung und er findet für diese bewegte Empfindung einen so kraftvollen und lebendigen Ausdruck, daß hier in einer bisher von ihm nie erreichten Weise Inhalt und Form harmonisch zusammen=

klingen. Zwar wird auch hier der Eindruck durch die Ausdehnung
des Gedichts einigermaßen beeinträchtigt, doch scheint mir immerhin
dieses Lied „von dem Untergange des christlichen Glaubens" mit
das Bedeudenste zu sein, was in jenen bewegten Tagen aus dem
gegnerischen Lager in volkstümlicher Form wider Luther und
die Reformation gesagt und gesungen worden ist. Und vor
allem ist das für das Lied von Vorteil, daß Murner hier von
jeder persönlichen Polemik sich freihält. Wohl ist die sachliche
Beziehung auf jene Stiefelsche Schrift unverkennbar, aber nirgends
wendet er sich direkt gegen ihn, sondern giebt nur dem Aus=
druck, was an Klagen und an Befürchtungen die Herzen aller
Anhänger des Alten bewegen mußte.

Ausführlich schildert er im Eingange die „unerhörten Dinge",
die leider geschehen seien:

> Der hirt der ist geschlagen,
> die schäflin sein zerstreut,
> der bapst der ist veriagen,
> kein kron er me auff dreyt,
> Vnd ist mit kainen worten
> von Christo ye erstifft,
> an hundert tausent orten
> ist gossen auß das gifft.

Auch des Kaisers Gewalt sei dahin; Patriarchen, Kardinäle
und Bischöfe seien abgethan und nur der von der Gemeinde
„nach ihrem Unverstand" erwählte Pfarrer sei allein übrig ge=
blieben. Die Messe solle nichts mehr gelten, und die Sakramente
würden gescholten, dafür aber seien wir alle, Mann und Weib,
ohne Weihe zu Pfaffen geworden:

> Die stiel ston auff den bencken,
> der wagen vor den roß,
> der glaub wil gar versencken,
> der grund ist bodenloß.

Das Evangelium, das einst eine fröhliche Mär gewesen, sei
heute vergiftet, die Freude in Herzeleid verkehrt worden. Aber
auch hier ist Murner weit davon entfernt, die vorhandenen
Schäden und Mißbräuche innerhalb der alten Kirche leugnen
oder vertuschen zu wollen: „Ich muß die Wahrheit sagen

— so fährt er fort — wir haben schuld daran" und zwar vor allem durch den Mißbrauch, der mit dem Ablaß getrieben worden ist. Und alle diese Mißbräuche werde kein Ehrenmann entschuldigen wollen. Aber daß man darüber hinaus den Glauben selbst antaste, das müsse er klagen, denn dadurch werde nur ein Aufruhr im Lande erweckt, der leichter anzufachen, als zu dämpfen sei:

> Zum menschen stat b'anfang,
> wiewol dz end zu gott,
> ich bsorg des glaubens vndergang,
> wa gott hie von vnß lath.

Und auch hier wieder schließt er mit der Versicherung, daß er nur für seine eigne Person rede und daß er recht zu handeln meine, wenn er bei seinem alten Glauben verharre und allen Neuerungen sich widersetze.

> Ich thu als thut ein redlich man,
> dem man ein schloß empfilt,
> so lang ich mich gewern kan.
> bruch ich das schwert vnnd schilt.

> Der vns dz lied gsungen hat,
> Gedicht darzu gemacht,
> hatt vnsers glaubens kleglich that
> am höchsten wol betracht,
> der Murner hats gesungen
> gemeiner Christenheyt,
> wird vnser glaub verdrungen,
> brecht seinem hertzen laidt.

Auf diese Murnersche Klage antwortete zunächst ein Ano-nymus mit einem „Liede vom Aufgange der Christenheit",[55]) in dem jene Strophe für Strophe geschickt glossiert und in evan-gelischem Sinne umgedeutet wird. Den Klagen Murners über die durch die Reformation hervorgerufenen Zustände stellt das Lied ebenso heftige Klagen und Anklagen wider die Römischen gegenüber, um dann in etlichen siegesfrohen Versen Luther zu verherrlichen. Seit dieser Held aufgestanden, seien die römischen Schelmenstücke offenbar geworden. Der Papst habe die Christen-heit belogen, viel gutes Geld und alle Gewalt dieser Erde an sich gerafft und wolle dennoch Petri Nachfolger genannt werden, obwohl er in Wahrheit ein Nero sei. Dann aber wendet sich plötzlich der ungenannte Verfasser in schärfster Weise gegen Murner persönlich:

> Er wer da haim wol bliben
> mit seinen laruen gschwatz,
> bey nacht auff becher gstigen
> gleych wie ain andre katz,
> ynd hette lassenn bleiben
> die rechte götlich kunst,
> vonn Schelmen sol er schreiben,
> da ist er in der Zunfft.

Er klage über den Untergang der Christenheit, und es ver=
drieße ihn doch nur, daß der lebendige Antichrist gestürzt sei;
er klage, daß des Kaisers Gewalt dahin sei, während doch eben
jetzt dem Kaiser das Schwert wieder in die Hand gegeben worden
sei, das ihm zuvor der Papst entwunden hatte. Doch wozu sich
die Mühe nehmen, jeden einzelnen seiner Anklagepunkte zu wider=
legen? Denn ihn verdrießt doch nur, daß wir aus des Papstes
Bann erlöst worden sind und nur deshalb spritzt er sein Gift
wider uns. Wir wollen vielmehr Gott bitten, daß er uns noch
mehr solcher Werkleute, wie Luther, Hutten und Melanchthon
sind, senden möge, damit wir aller Kutten uns erwehren
können:

> Vnd wann sy halt schon wietten,
> Gott wöll sein glider all
> vnd auch sein kirchen phieten.
> wol vor des Teuffels schall.

Aber auch Stiefel selbst blieb nicht müßig, sondern beant=
wortete das Murnersche Lied gleich darauf in einem eignen
Schriftchen „Wider Doktor Murnars falsch erdichtet Lied
von dem Untergange des christlichen Glaubens",[56] das
auf seinem Titelblatte gleichsam als Motto denselben Spottvers
trug, der uns schon aus des Matthias Gnidius „Defensio"
bekannt ist. Und noch weit schärfer als jener Ungenannte wendet
sich hier der Eßlinger Augustiner wider unsern Barfüßer persön=
lich, in einem gereizten, polternden Tone, der eben nur dann

verständlich ist, wenn wir uns immer wieder daran erinnern,
wie übel es um Murners Ruf und Leumund bestellt war, und
wie verächtlich die Zeitgenossen von jeher seine ganze Persönlichkeit
behandelten. Er selbst hatte in diesem Falle die persönliche, an
Invektiven reiche Polemik nicht im mindesten herausgefordert, aber
es war nun einmal ein Zug dieser leidenschaftlich bewegten Zeit,
dem Federkriege eine gewisse dramatische Spannung zu verleihen,
wobei man eines fingierten oder leibhaftigen Gegners nicht
entraten konnte.

Der Murnar — so beginnt Stiefel — habe eine Zeitlang
gesprochen, bis er zu einer Katze und zu einem Drachen geworden
sei. Nun aber wolle er auch einmal singen, gerade wie ein Affe,
der nachmachen müsse, was ein andrer ihm vormacht. Michael
Stiefel habe ein Lied in Bruder Veitens Ton gemacht, gleich
müsse der Murner es ihm nachthun und ein andres singen.
Dieses Lied aber sei so „schädlich, widersperrig und aufrührerisch“,
daß er eine Auslegung desselben geben wolle, damit jedermann
nicht des Murners pharisäischen, sondern den festen Grund des
starken Felsens Christi erkennen möge. Er läßt zu diesem Zwecke
Murners ganzes Lied vollständig abdrucken und fügt fast zu
jeder Zeile eine längere oder kürzere Glosse hinzu, wobei er mit
besonderer Ausführlichkeit auf die Lehre von den Sakramenten
und von der Heiligenverehrung eingeht. Der Ton in diesen
Glossen ist, wie gesagt, von ungeschlachter Derbheit: Stiefel wirft
seinem Gegner Titel wie: „grober Esel“, „Bluthund“ und
„elender Gauch“ an den Kopf: er fügt Murners gelegentlichem
Ausruf: „Ach weh der großen Schand“ die Randbemerkung bei:
„A wee, o wee, mauwau. Wann ich Murnar hieß, so wölt ich
mich dieses katzen geschreys abthun, das der Karsthans mein nit
lachet“; er spottet über Murners häufige Anwendung von Sprich-
wörtern, indem er hinzufügt: „Wann Murnar etwas wil schreiben
oder dychten, so bedarff er keiner heyligen geschrifft, daruff er
sein meynung gründ, besunder er hat gnug an sollichen sprich-
wörtlin. An disem zeichen erkenne ich jn am ersten büchlin
wider den Luther von stund an, wiewol er sein namen het
verhalten.“ Und auch an sonstigen persönlichen Anzapfungen ist
in dem Schriftchen kein Mangel. Stiefel erinnert an Murners

Freiburger Predigten und wie er „mit Schande" von dort habe
entweichen müssen; er spielt auf ein sonst unbekannt gebliebenes
Augsburger Erlebnis Murners an und versichert, dieser sei in Straß=
burg so willkommen, wie „eine Sau in eines Juden Hause." Hatte
Murner in der neunten Strophe seines Liedes geklagt, daß jetzt
alles Volk Lügnern zulaufe, so höhnt Stiefel über das „unschuldige
Lämmlein", von dem er sich doch erinnere, im Murnarus Leviathan
gelesen zu haben, wie oft er beim Lügen ertappt worden sei.
Und endlich hält er ihm auch eine seiner Straßburger Predigten
vor, in der er von der Kanzel herab also geredet habe: „Evangelium!
Evangelium! Hansnarr! Man muß die Doktores auch haben.
Johannes hat wohl dreißig Jahre nach Christo geschrieben; sollte
er nicht derweil manches vergessen haben? Du sprichst nicht: ich
glaube an das Evangelium, sondern du sprichst: ich glaube an
die heilige christliche Kirche. Johannes schreibt: Christus habe
also geredet; möchte er nicht vielleicht anders gesprochen haben?"
Diese Worte — fügt Stiefel hinzu — hast du öffentlich gepredigt,
Murnar, das kannst du nicht leugnen!

Und er schließt: „Hier will ich meinen Murnar stehen lassen
und ihn bitten, daß er aufhöre, die Einfältigen zu verführen
und dafür das Evangelium und St. Paulum studiere, damit
er die Wahrheit erkenne und bekenne, auch darauf beharre bis
an sein Ende. Das verleihe ihm und mir mit allen Auserwählten
die Barmherzigkeit Gottes."

Daß nunmehr auch Murner in seiner Antwort den Augustiner
nicht schonte, ist erklärlich. Zwar ist mir seine Entgegnung[57])
selbst unbekannt geblieben, doch läßt sich ihr wesentlicher Inhalt
leicht aus demjenigen rekonstruieren, was Stiefel seinerseits wieder
auf jene „murnarische Phantasie" antwortete. Diese letzte
„Antwort Michel Styfels"[58]) erschien erst im Sommer des
folgenden Jahres (1523) von Wittenberg aus, zugeeignet einem
Eßlinger Bürger Klaus Engelfried, in ihrem ganzen Tone nicht
minder derb als das frühere Schriftchen. Hatte Murner sich
zunächst über den Spottvers auf dem Titelblatte beschwert, so
versichert hier Stiefel, daß derselbe ohne sein Wissen und Zuthun
dorthin geraten sei, um sich dann im weiteren gegen jenes Behaup=
tung zu verwahren, daß er aus seinem Orden vertrieben worden

sei. Er setzt umständlich die Ursachen seiner Flucht aus Eßlingen auseinander, wobei er es nun wieder seinerseits an persönlichen Ausfällen gegen den Barfüßer nicht fehlen läßt, den er hier direkt beschuldigt, in seiner Uebersetzung der „babylonischen Gefangenschaft" Fälschungen begangen zu haben. Er bezeichnet ihn wiederholt als „tollen Büffelskopf", spottet über den „kunst= reichen Meister in der Gäuchmatten" und meint, der Bischof von Straßburg thäte am besten, wenn er zu dem Murnar spräche: „Schweig' still, du bacchantischer Esel, denn du machest uns alle zu Schanden. Mög' uns jemand beschirmen, der geschickter ist, denn du bist." Ausführlich erörtert Stiefel zwischendurch die Lehre von der päpstlichen Gewalt, polemisiert in längerer Aus= führung wider die guten Werke und wider die Messe als Opfer, verteidigt Luther gegen den Vorwurf, daß seine Lehre zum Aufruhr diene und schließt endlich mit den Worten: „Aber was soll ich mich mit diesem tollen Büffelskopfe viel herumzanken! Bitt' Gott für mich und für diesen armen Murnar. Wer weiß, Paulus wird zuletzt um so viel besser, je böser er vorher gewesen ist. Hab' acht auf Murnars Heimkehr aus England."

Wir sind, wie diese letzten Worte zeigen, den Ereignissen vorausgeeilt, denn zwischen dem Liede vom Untergange des christlichen Glaubens und der letzten Antwort Stiefels lagen ein paar neue in den kirchlichen Kampf eingreifende Arbeiten Murners und zudem eine für ihn bedeutsame Reise, deren Ziel Stiefel in jenen Schlußworten bezeichnete. Denn unter den neuen litterarischen Gegnern, die Luther im Jahre 1522 erstanden waren, befand sich auch König Heinrich VIII. von England,[89] den es plötzlich gelüstete, in dem Federkriege gegen den Wittenberger Ketzer mit= zuthun. Er war eine eitle, an Widersprüchen reiche Natur, nicht unbegabt, aber zuchtlos und ganz und gar ein Spielball seines ungezügelten Temperaments: ein Scholastiker auf dem Throne und zugleich ein Gönner des Erasmus; ein Verehrer des Thomas von Aquino, der sich von den Humanisten huldigen ließ; ein eigensinniger Autokrat, der devot um des Papstes Gunst buhlte. Seine „Begründung der sieben Sakramente", womit er gegen Luther eine Lanze brach, ein Buch), das an Verdrehungen und Schmähungen das Menschenmögliche leistete, hatte denn auch den Erfolg, daß ihm Leo X. den Titel eines Verteidigers des Glaubens verlieh und den Lesern seines Buchs einen zehntägigen Ablaß bewilligte. Und um der Persönlichkeit des Verfassers willen durfte Luther nicht schweigen er antwortete alsbald; deutsch und lateinisch in einer so verächtlichen und wegwerfenden, mit Verbalinjurien gespickten Sprache, wie sie wohl noch nie zuvor einem gekrönten Haupte gegenüber geführt worden war. Selbst seine Freunde waren über diesen Ton erschrocken, doch er war der Meinung: „darf ein König von England seine Lügen un= verschämt ausspeien, so darf ich sie ihm fröhlich wieder in seinen Hals stoßen".. . „Ich habe es aus wohlbedachtem Mute gethan, und wer meine Lehre mit rechtem Herzen auffaßt, wird sich an meinem Schelten nicht ärgern."

Jene unkönigliche Schrift König Heinrichs erschien nun am 7. September 1522 bei Johann Grüninger in Straßburg in deutscher Uebersetzung von Murner,[90]) der, nicht gewitzigt durch den wiederholt gegen ihn erhobenen Vorwurf, in päpstlichem Solde wider Luther geschrieben zu haben, jetzt natürlich vollends den Verdacht erregen mußte, lediglich den Großen zu Gefallen und um klingenden Lohnes willen seine Feder dem „unüberwindlichen Könige zu England" geliehen zu haben. Und damit nicht genug, fühlte er sich auch gedrungen, sich Luthers Angriffen gegenüber zum Ritter des Königs aufzuwerfen und in seiner Schrift: „Ob der König aus England ein Lügner sei, oder der Luther",[91]) worin er in der Maßlosigkeit des Tons die gegen König Heinz gerichtete Schrift des Wittenberger Mönches womöglich noch übertrumpfte, dem erlauchten Verfechter des Glaubens zu huldigen. Denn es sei natürlich und recht, die zu lieben, die uns lieben und dankbar zu sein allen denen, die uns Gutes thun. Und so habe sich König Heinrich — oder Meister Heinz, wie Luthers verächtlicher Mutwille den frommen Fürsten nenne — ein Recht auf unsere Dankbarkeit erworben durch das heilsame Buch, das er gegen die blutwütende, mörderische Ketzerei und die ungöttliche Lehre Martin Luthers geschrieben habe. Dagegen habe Luther „wider alles natürliche Recht" den durchlauchtigen, frommen, christlichen Fürsten so bübisch und lästerlich wie ein Hippenbube zugerichtet, daß billig alle frommen Christen zur Ehrenrettung des Fürsten eintreten müßten, der „unser Beschirmer ist des zeitlichen Reichs und des ewigen." Mit maßloser Heftigkeit zieht Murner nunmehr gegen Luther los, den er bald einen „wütenden und rasenden Bluthund", bald einen „listigen Unflat" nennt, bald als Lotterbuben, bald als „lästerlich ausgelaufenen Mönch" begeifert, und dem er nun nicht weniger als fünfzig Lügen nach=zuweisen beflissen ist. Sachlich enthält die Schmähschrift gar nichts Neues, auch beruft sich Murner gelegentl.ch der Erörterung über das infallible Papsttum ganz ausdrücklich auf sein Buch „Vom Papsttum", in dem er, wie er stolz versichert, alle vermeint=lichen Schriftbeweise Luthers in ihrer ganzen Hinfälligkeit gezeigt habe. Aber um so reicher ist das Büchlein an Anklagen gegen und an Scheltworten über Luther und die Evangelischen. Er klagt in dem Abschnitt über die Messe, daß viele der Anhänger Luthers lediglich dadurch ihren evangelischen Glauben bethätigten, daß sie weder beteten noch fasteten, wobei er allerhand häßlichen Klatsch aus Straßburg auftischt; und in dem Abschnitt über die guten Werke spottet er über jene evangelischen Prediger, die auf ihren Kanzeln stehen und schreien: es ist genug mit dem Glauben, was bedürfen wir der guten Werke? Darum thun wir alle Klöster ab, die auf gute Werke gestiftet sind. „Als ob wir nicht auch christgläubig wären, allein die Werke ohne allen Glauben thäten und ihr Lutherischen allein den Glauben hättet, der alle Dinge wirket. Ich weiß nicht, was euer Glaube wirkt; das aber weiß ich wohl, daß etliche sind, die den Glauben kräftig predigen und ausrufen; er ist aber in ihnen noch nicht also kräftig gewesen, daß man sie desto besser oder christlicher ersehen hätte und sind alle ihre Predigten auf Stechen, Schelten, Schänden, Lästern und Aushippen gerüstet, daß man wohl eine Badermagd findet, die ebenso gut predigen könnte als sie. Und schaffen auch nichts mit ihrem Predigen, denn daß sie den weisen fürsichtigen Räten in den Städten zu verstehen geben, wie ihr großer starker Glaube so gar aus keiner Liebe wirkt, sondern aus Neid und Haß und den Bundschuh zu schmieren." Zugleich verspricht er über das Kapitel von dem Glauben und den guten Werken ein eignes Buch, in dem er ausführlicher darüber handeln werde.

Den Luther aber wolle er zuletzt ermahnen, künftighin christliche Fürsten und Könige maßvoller anzureden. „Leb' wohl, ich will bald wiederkommen, auf daß ihr mir den Katzen= kopf nicht vergebens aufgesetzt habt."

Ein ungenannter Verehrer Luthers nahm sich die Mühe, dem Franziskaner auf seine Frage, ob der König von England ein Lügner sei oder der Doktor Luther, eine Antwort zu geben.⁹²) Die in salbungsvollem Prophetenton geschriebene Schrift war zwar gut gemeint, aber gründlich verworren und geschmacklos. Die von Murner, einem hochgelehrten Doktor beider Rechte, auf= geworfene Frage sei schwierig zu beantworten, weil von Königen zu reden nicht unbedenklich sei. Doch sei die Antwort nicht zweifelhaft, denn der allein wahrhaftige König sei Christus, und da Luther, der Widersacher des Antichrists, dieses Königs wahr= haftiger Jünger sei, so liege auf der Hand, auf welcher Seite die Wahrheit zu finden sei. Es fehlt bei dieser Beweisführung auch die wohlfeile Wortspielerei nicht, daß der eigentliche englische König und somit der wahrhaftige König in Engelland Christus sei, wie sich denn der Verfasser überhaupt gern an derlei geschmack= losen Bildern gütlich thut. Im übrigen bildet den Hauptinhalt des Schriftchens eine überschwängliche Lobrede auf den „göttlichen Doktor Luther", die zuguterletzt in ein Gebet ausklingt.

Luther selbst hatte derzeit wichtigeres zu thun, als sich um solche Pamphlete zu bekümmern, und auch seine näheren Freunde hielten es nicht für der Mühe wert, sich mit einem solchen Gegner herumzuschlagen. Murner jedoch konnte mit dem Erfolge der Schrift wohl zufrieden sein. Denn durch einen angeblich in königlichen Diensten stehenden Deutschen erhielt er die Auf= forderung, an den Hof König Heinrichs zu kommen und trat, vermutlich im Frühjahr 1523, die Reise dorthin an, nachdem ihm kurz zuvor vom Straßburger Rate abermals eine Ermahnung zur Mäßigung zu teil geworden war.⁹³) Er mochte unter solchen Umständen wohl nur zu gern den Staub der Heimat von seinen Füßen schütteln und von freudigen Hoffnungen geschwellt dem königlichen Hofe des Defensor fidei entgegeneilen. Doch sollte ihm hier zunächst eine herbe Enttäuschung zu teil werden, da er erfahren mußte, daß er das Opfer eines Schwindlers geworden sei. Ausführlich berichtete der Kanzler Thomas Morus dem Kardinal Wolsey[94]) über den seltsamen Vorfall: Ein Franzis=kaner Thomas Murner, der zur Verteidigung des Buches des Königs eine Schrift gegen Luther geschrieben habe, sei durch einen boshaften Menschen, einen Deutschen, unter der Vor=spiegelung, daß er im königlichen Auftrage handle, zu einer Reise nach England veranlaßt worden. Der König, der Murners Glaubenseifer und gute Gesinnungen achte, bedaure diese Täuschung und ersuche den Kardinal, ihm einhundert Pfund zu überweisen, damit er nach Hause zurückkehren könne. Denn dort sei seine Gegenwart sehr nötig, da er eine der Hauptstützen gegen die Partei Luthers sei. Er habe hier in England sein Buch zur Verteidigung des Königs ins Lateinische übersetzt; er sei Doktor der Theologie und beider Rechte und ein Mann, der wegen seiner Schriften und Predigten in seinem Vaterlande sehr geschätzt werde.

Die Reise war also doch nicht ganz vergeblich gewesen. Wie zwei Jahre später Johann Eck,[95]) so wurde jetzt Murner vom Könige wohlwollend aufgenommen und reichlich beschenkt, ja Heinrich gab ihm bei seinem Abschiede auch noch ein warmes Empfehlungs=schreiben[96]) an den Straßburger Rat mit, in dem er ihm sogar den Gefallen erwies, seine Reise nach England wirklich als die Folge einer königlichen Einladung darzustellen. „Wir können nicht leicht sagen — so heißt es in diesem Schreiben — mit welcher Zuneigung wir alle umfassen, die bei Widerlegung der lutherischen Ketzerei weder Mühe, noch Neid, noch Gefahren scheuen. Zu diesen gehört auch der würdige und fromme Mann Thomas Murner. Da wir nun beschlossen hatten, ihn persönlich kennen zu lernen, und eine große Begierde fühlten, uns mit ihm zu unterhalten, so haben wir ihn zu uns kommen lassen, und er hat die Meinung, die wir von seiner Rechtschaffenheit, Gelehrsamkeit und Bescheidenheit gehegt hatten, nicht nur bestätigt, sondern weit übertroffen, so daß uns sein Besuch höchst angenehm und willkommen gewesen ist. Da er nächstens zu Euch zurückkehren wird, so wollen wir durch diesen Brief unser Wohlwollen für ihn bezeugen und Euch herzlich bitten, daß Ihr ihn, nebst dem, was Ihr von freien Stücken für ihn thun

würdet, auch in Rücksicht auf uns in aller Freundschaft auf=
nehmen und ihm alle Gunst beweisen möget, womit Ihr uns einen
angenehmen Dienst leisten werdet".

Dieses königliche Leumundszeugnis konnte freilich die bald
darauf über Murner hereinbrechende Katastrophe nicht abwenden.
Denn noch ehe er nach England gegangen war, hatte er seine
Drohung wahr gemacht und seinen Gegnern gezeigt, daß sie ihm
„den Katzenkopf" nicht umsonst aufgesetzt hatten. Und während
seiner Abwesenheit war in Straßburg der Sieg der Reformation
endgültig entschieden und zugleich die Stimmung gegen ihn selbst
eine so erbitterte geworden, daß die Fürsprache eines Königs
Heinz ihn nicht mehr zu schützen imstande war.

Viertes Kapitel.

„Vom großen lutherischen Narren".

.

Hatte Murner bisher, wenn wir von seiner „Protestation"
absehen, auf alle Anzapfungen bekannter und unbekannter Gegner
geschwiegen, so hatte er doch seine Erwiderung nur aufgeschoben,
nicht aber aufgehoben. Denn er war nicht der Mann, Kränkungen
und Spöttereien stillschweigend einzustecken. Und des trockenen
Tones satt, rief er nunmehr den alten Satiriker in ihm zu
Hilfe und bereitete einen Hauptschlag gegen seine Widersacher
vor, deren keiner ungestraft ihm entwischen sollte. Schon als er
in den Schlußworten seiner Schutzschrift für König Heinrich dem
Wittenberger Mönche drohend sein baldiges Wiederkommen und
zwar „mit dem Katzenkopfe" angekündigt hatte, war sein Gedicht
„Von dem großen lutherischen Narren" [97]) in Grüningers
Druckerei und erschien noch vor Jahresschluß „vff Freitag nach
sant Luci vnd Otilien Tag" (19. Dezember 1522), versehen mit
dem Motto:

> Ich hab sie des genießen lon,
> Wie sie mir haben vorgethon,
> Werden sie mein nit vergeßen,
> So wil ich inen beßer meßen
> Wa sie sich mit eim wort me eigen,
> Wil ich in baß den kolben zeigen,
> Entgegnen in fürt solcher maßen
> Das sie den narren rüwen laßen.

Die religiöse Bewegung hatte das in der Litteratur bereits
vorhandene satirische Element mächtig gefördert, und vollends seit

5*

dem Wormser Reichstage hatte der Federkrieg nach dieser Richtung
hin beständig an Ausdehnung und an Heftigkeit zugenommen.
In Versen und in Prosa wurde der Kampf mit einer Leiden=
schaftlichkeit ohnegleichen geführt; in tausenden von Flugschriften
gab man hier Wünschen und Hoffnungen, dort Klagen und
Befürchtungen Ausdruck; in zahllosen Pamphleten wurde den
bekannten Parteimännern von hüben und drüben mitgespielt.
Und die Rolle, die diese Satiren= und Pasquillenlitteratur dem
Straßburger Franziskaner zuerteilt hatte, war die denkbar un=
rühmlichste gewesen: da war niemand, der ihn wirklich ernst
genommen hätte, niemand, der sich durch seine Titel und Würden
und durch seine wissenschaftlichen Leistungen hätte imponieren
lassen; da war in allen den derb populären Flugschriften, die
nicht zuletzt in Straßburg selbst emsig verbreitet wurden, alle
üble Nachrede über seinen sittlichen Charakter wieder aufgetischt;
da herrschte allenthalben ein so verächtlicher Ton, der gerade
eine von Haus aus so eitle und ehrgeizige Natur wie die seinige
empfindlich kränken mußte. Dazu kam, daß er sich keiner
Täuschung mehr darüber hingeben konnte, daß sein Kampf wider
den neuen Geist vergeblich gewesen war: wirkungslos waren seine
Warnungen und Proteste verhallt und die Reformation schritt in
ihrem Siegeszuge unaufhaltsam vorwärts, wie sehr er sich auch
dagegen gestemmt und gewehrt hatte. Kein Wunder, wenn nun
die persönliche Gereiztheit bis zu erbittertem Haß, das Gefühl
der Enttäuschung zu polterndem Hohne sich steigerte. Jede Brücke
zur Verständigung war jetzt abgebrochen, und Luther fortan nur
noch der unversöhnliche Feind und verstockte Ketzer, dem gegen=
über jeder Witz, selbst der unflätigste, jede Beleidigung, selbst die
roheste, skrupellos gestattet war. Der im Motto ausgesprochene
Grundsatz: Auge um Auge, Zahn um Zahn, war jetzt seine
Losung: Sicut fecerunt mihi, sic feci eis inde.

Das erklärt einigermaßen den schrankenlosen, vor keiner
Roheit und Unflätigkeit zurückschreckenden Ton des Gedichts,
bei dessen Niederschreiben er den Theologen an den Nagel ge=
hängt und sich völlig wieder in den ungeschlachten, witzigen und
bissigen Satiriker verwandelt hatte. Wir haben auch hier wieder
alle Vorzüge und alle Schwächen des einstigen Narrenbeschwörers:

die alte Bildlichkeit und Vollsaftigkeit der Sprache, den leichten Fluß der Reimpaare, einen schlagfertigen, ätzenden Witz und eine verhältnismäßig geschlossene Komposition, die bisweilen bis zu dramatischer Spannung gesteigert ist. So ist sein Gedicht „vom lutherischen Narren", das sich, wie Wilhelm Scherer einmal bemerkt, selbst neben Huttens lucianischen Dialogen sehen lassen darf, fraglos die wirksamste, boshafteste und einschneidendste von allen Satiren, die damals im Lager der alten Kirche wider die Reformation geschrieben worden sind. Aber auch die Mängel sind hier nicht nur dieselben, wie in seinen früheren Satiren, sondern sie erscheinen hier sogar noch gesteigert. Denn so geschickt der Entwurf, so flüchtig ist zum guten Teil die Ausführung; auch hier gerät er streckenweise in eine unleidliche Breite, durch die er das epische Interesse stark abschwächt; auch hier, wie schon in den früheren Arbeiten, dieselbe Ueberbürdung mit Einzelheiten, dieselben ermüdenden Aufzählungen und Wiederholungen. Und noch mehr als je zuvor verliert sich hier die Satire abwärts ins Unflätige und Unanständige. So witzig einzelne Partien erfunden und ausgeführt sind, so schlechtweg witzlos und roh ist andres, bis er sich schließlich über alles Maß und Ziel hinaus überschlägt in Sachen und in Worten und einfach gemein wird.

Für die Einkleidung boten ihm die 1521 erschienenen Schriftchen eines Ordensbruders, die „Fünfzehn Bundes= genossen" des Franziskaners Johann Eberlin von Günz= burg eine willkommene Handhabe. Dieser liebenswürdige christlich= soziale Volksprediger, dem unter den Flugschriften=Autoren jener Tage eine ganz eigentümliche und höchst bedeutsame Stellung zukommt, hatte in seinen, unter jenem Titel zusammengefaßten Traktaten mit Eifer und Verständnis alle Erscheinungen des kirchlichen, politischen und sozialen Lebens berührt und eine Fülle von Reformvorschlägen ausgesprochen, die scheinbar plan= und zusammenhangslos, dennoch der inneren Einheit und Geschlossen= heit nicht ermangelten. Er gesellte sich damit als Rufer im Streite zu Luther und Hutten, gleich ihnen erfüllt von dem Gedanken der nationalen Unabhängigkeit Deutschlands von Rom und ganz erfüllt von Haß gegen die römische Habgier und Aus= beutungspolitik: ganz ein Mann der evangelischen Freiheit und

ganz erfüllt von Liebe für den kleinen Mann, für die Armen
und Elenden, und darum ein rüstiger Kämpfer ebenso gegen die
geistliche Tyrannei wie gegen den brutalen Feudalismus der
weltlichen Herren. Er wird nicht müde, soziale Reformen zu
predigen, um der sozialen Revolution vorzubeugen, da es doch
besser wäre, „wir reformierten uns selber, denn daß der Karsthans es thue". Er wird nicht müde, die Pflicht und den Adel
persönlicher Arbeit zu betonen, da wer nicht arbeiten wolle, auch
nicht essen solle. Was jedoch Murner in den „Bundesgenossen"
am meisten erbittert haben mochte, war die Schärfe, mit der sich
Eberlin wieder und wieder gegen die Bettelmönche wendete. Er
rechnet aus, was sie Deutschland jährlich kosten; er klagt über
die Unsummen, die sie mit allerlei erdichteten Wundererzählungen
dem Volke zu entlocken wissen, und giebt der Hoffnung Ausdruck,
daß der Kaiser sie allgemach werde aussterben lassen. Er schildert
ihr unheiliges Klosterleben und beansprucht für den Staat ein
ausgedehntes Aufsichtsrecht. Er will Eintritt wie Austritt unter
staatliche Kontrolle gestellt wissen und verlangt, daß jeder Aus-
tretende alsbald in den vollen Genuß sämtlicher bürgerlicher
Rechte gelangen solle. Er will, daß in keinem Kloster mehr der
Bettel geduldet, sondern in allen gearbeitet werde. Er warnt
die Eltern, ihre Töchter ins Kloster zu stecken, und mahnt sie,
dieselben daheim arbeiten und beten zu lehren. Er klagt, wie
über allerhand äußerlichem Gottesdienst von den Orden der rechte
christliche Gottesdienst und die Fürsorge für die Armen versäumt
werde und mahnt, die Kanzeln aus „Schmalzgruben" der Mönche
in Pflanzstätten echt christlichen Lebens umzuwandeln. Und er
bleibt nicht bei der Kritik stehen, sondern legt den vollständigen
Entwurf einer Kirchen- und Gemeindeorganisation, sowie den Plan
einer Organisation des öffentlichen Lebens vor, die beide in durchaus maßvollen Grenzen bleiben und deutlich bekunden, wie bei
ihm ein schwungvoller Idealismus mit gesundem, praktischen
Menschenverstand Hand in Hand ging.[98])

Diese „Fünfzehn Bundesgenossen" gaben Murner die Idee
für die Einkleidung seiner Dichtung. Die Erfindung war nie
seine starke Seite gewesen, vielmehr hatte er noch immer eines
Vorbildes bedurft, an das er sich hatte anlehnen können. Und

hier nun war ihm ein sehr glücklicher Gedanke geboten worden.
Er konnte die lutherischen Bundesgenossen aufbieten und, nachdem
er sie mobil gemacht, eine Art Heerschau über sie abhalten, um
in dieser Form die verschiedenen Elemente der Reformation zu
charakterisieren. Und da sein populärster Titel der des Narren=
beschwörers war, so ließ sich ja auch diese Rolle mit leichter Mühe
damit verbinden. Er beschwor den großen lutherischen Narren und
schnitt ihm aus seinem Leibe alle die kleinen lutherischen Narren
heraus, um sie dann als Luthers Bundesgenossen, mit dem Bund=
schuh voran, ihre Heldenthaten verrichten zu lassen.

Dem eigentlichen Drama schickt er zunächst einen Prolog
in Prosa voraus, worin er nochmals auf seine antireformatorische
Schriftstellerei hinweist, in der er, mit allem Respekt vor den
Ehren und Würden der Person, Luthers Glaubensänderungen
bekämpft habe. Nie sei es ihm dabei in den Sinn gekommen,
irgend jemanden auf Erden persönlich zu beleidigen. Luther
jedoch habe sein Mitreden sehr übel aufgenommen und mit
unwahrhaftigen Schmähungen und spöttischer Veränderung seines
väterlichen Namens darauf geantwortet. Unzählige namenlose
Bücherschreiber seien seinem Beispiele gefolgt; sie hätten ihm viel
Schande und Laster nachgesagt, hätten ihn für des Papstes Geiger
ausgegeben und eine Katze und einen Drachen aus ihm gemacht,
so daß kaum ein Glied an seinem Leibe sei, das sie nicht beschrieben
und verspottet hätten. Da nun bei jedem Spiel ein Mönch sein
muß, ob man ihn schon dazu malen müßte,[99]) und er wohl
merke, daß in diesem Spiel er dieser Mönch sein solle, so wolle
er nun wirklich einmal der Murnarr oder Narr sein, als den
sie ihn überall geschildert hätten. Nur bäte er jedermann, ihm
dieses Buch nicht aufzumutzen, da er selbst am besten wisse, daß
es eigentlich seinem Stande und seinen Ehren nicht angemessen
sei. Wolle man ihn aber mit Gewalt zu einem großmächtigen
Narren machen: nun gut! so wolle er seines Amtes walten und
in der Narrenkappe seine Meinung sagen. Seine Geduld sei zu
zu Ende, denn

Man trit off einen wurm so lang,
Biß das sich krümpt ein solcher schlang;

Ein kiselstein mus für bßtragen,
Wan er zu herrlich würt geschlagen. . . .

oder, wie es im sechsten Abschnitt heißt:

Buch vmb buch, ich wil mich rechen,
Vnd sie mit büchlin vberstechen,
Vnd förcht sie gar nit vmb ein har,
Nerrische war vmb nerrische war. . . .

Nunmehr nimmt die Beschwörung des großen lutherischen
Narren ihren Anfang. Dieser ist riesenhaft von Gestalt mit
mächtig geschwollenem Leibe, denn darin stecken alle diejenigen,
die mit ihrer neuen heiligen Schrift Aufruhr entzündet und den
Bundschuh aufgeworfen haben. Zunächst natürlich diejenigen,
die ihn selbst zur Katze und zum Drachen gemacht und ihn in
zahllosen anonymen Schmähschriften verschimpfiert haben. Im
Haupte des Ungetüms sitzen die gelehrten Narren, nämlich die
evangelischen Prediger, deren Predigt hauptsächlich in Schmähungen
gegen den Papst besteht, und die nichts anders thun, als das Volk
gegen die Obrigkeiten aufhetzen. In den Taschen stecken die=
jenigen, die vor allem darauf erpicht sind, die Klostergüter an
sich zu reißen und Bischöfen und Kardinälen ihr Gut zu rauben;
jene phantastischen Narren, die von Gütergemeinschaft träumen
und sich einbilden, sie könnten die Armut aus der Welt schaffen.
Die allerschlimmsten jedoch stecken in des Narren Bauche, nämlich
die fünfzehn Bundesgenossen Eberlins, die nun einer nach dem
andern vorgenommen und verhöhnt werden. Schritt für Schritt
folgt Murner jenen Flugschriften mit seiner beißenden Kritik, in der
Lehre und Wandel der Evangelischen in ausgiebigstem Maße mit
Hohn überschüttet wird. Hatte Eberlin im fünften Bundes=
genossen die Obrigkeit ermahnt, den „Predigtstuhl zu reformieren",
so giebt nun Murner eine giftige Schilderung der also reformierten
Predigt: man solle nur predigen, was die Leute gerne hören,
nämlich daß man der Reichen Geld und Gut teilen wolle. Von
Hölle, Teufel und Fegefeuer sei fortan keine Rede mehr, damit
der arme Mann in der Kirche ja nicht erschreckt werde. Hatte
Eberlin ferner deutschen Gottesdienst und deutsche Schriften
für den gemeinen Mann gefordert, so höhnt Murner: „Natürlich,
denn wie viel besser läßt sich auf deutsch spotten und schimpfen!

Wenn ihr den Doktor Murner beschimpfen wollt, wie viele schöne Ausdrücke giebt es da, die sich lateinisch gar nicht wieder= geben lassen! Wie wollt ihr beispielsweise Murmauw latinisieren oder Schmutzkolb oder Hippenbub? Wir schreiben deutsch, damit jede Dorfmetze uns lesen kann". Er glossiert Eberlins Antwort auf die Frage, wie ordnen wir unser Leben? mit heftigen Ausfällen gegen die Evangelischen, die, nachdem sie Papst und Geist= lichkeit „reformiert" haben, nun auch Kaiser und weltliche Obrigkeit in gleicher Weise „reformieren" wollen. Hatte der zwölfte Bundes= genosse für die austretenden Mönche staatlichen Schutz und für den Fall ihrer Verheiratung gewisse Vergünstigungen erbeten, so witzelt Murner über diese „neue Ordnung": jeder Bürger müsse verpflichtet werden, den ausgetretenen Mönchen und Nonnen in seinem Hause Wohnung anzubieten; der Schultheiß und die Obrigkeit müßten zu ihren Diensten stehen, sie mit Rheinwein und Malvasier traktieren, ihnen Kuchen backen und ihnen auf jegliche Weise ein vergnügliches Leben bereiten:

> Dau sie sein alle dot gewesen,
> die vom dot sein wider genesen,
> Von doten sein zum leben gesprungen.

Und über Eberlins Klagen über den Heiligendienst endlich spottet er: die hölzernen Heiligen seien wenigstens gut zu Brenn= holz,[100]) und auch die Nothelfer seien nicht zu verachten, falls sie von Gold oder Silber seien, da man sie dann doch zu Geld machen könne.

Nachdem alle diese Narren glücklich ans Tageslicht befördert worden sind, rückt das reisige Fußvolk des lutherischen Bundes heran. Seine Taktik ist einfach, jeden, der nicht seiner Meinung ist, verächtlich zu machen. Den Papst schimpft man Antichrist, den Murner Murnarr oder Katze, Bischöfe und Prälaten Apostaten, Priester Esel und Oelgötzen und verfolgt alle, die nicht lutherisch sein wollen, mit anonymen Schmähschriften .Drei Fahnen flattern dem lutherischen Heerhaufen voran, der von dem Wittenberger Mönche als Bundeshauptmann geführt wird: ein Fähnlein fürs Fußvolk, eins für die Reiter und eins für den Troß. Das erste ist das Evangelium, das da lehrt, Stiftungen umstoßen, Klöster zerbrechen und die Messen abthun; das zweite trägt die Inschrift

„chriftliche Freiheit", die von beichten, beten und faften, Meſſe
hören und guten Werken entbindet; das dritte endlich iſt die
Wahrheit, da ja männiglich wiſſe, daß Luther noch niemals eine
Lüge geſchrieben oder geredet habe, und alle Lutheriſchen der
Lüge von Herzen feind ſeien. Aber:

Fünffzehen knecht vnd drei zu roß,
mit ſolchem lumpenwerck vnd troß
iſt fürwar nit gnug zum ſtreit,
wir müſſen haben me der leut

— und ſo muß denn nochmals der große Narr daran und alles
herausgeben, was an und in ſeinem Leibe verborgen iſt. Und
ſiehe da: an einem Fuße trägt er einen Stiefel, am andern einen
Bundſchuh, zwei Dinge, die natürlich in dem lutheriſchen Heerhaufen nicht fehlen dürfen. Gründlich wird Bruder Stiefel, das
„ſchwarzbraune Mönchlein", das „von Bruder Veit geſungen," hat
ausgehöhnt, und der Bundſchuh, der das Wunder vollbringt, die
Welt in ein Schlaraffenland umzuwandeln, dem Bundeshauptmann
ausgeliefert. Und als dann endlich gar noch der Karſthans
zum Vorſchein kommt, und Murner dem Narren aus den Ohren
den ganzen großen Haufen jener Lutheriſchen herausgeſchnitten
hat, die mit Gebet und Faſten, mit Meſſe und Fegeſeuer nichts
mehr zu ſchaffen haben, da iſt endlich das lutheriſche Kriegsheer vollzählig und kann nun mit flatternden Fahnen ins Feld
rücken.

Sein erſtes Heldenſtück iſt die Zerſtörung eines Kloſters,
aus dem alle goldenen und ſilbernen Geräte geſtohlen werden,
die als Sold für die tapferen Kriegsleute dienen müſſen. Weniger
erfolgreich iſt der zweite Sturm auf ein verlaſſenes Schloß, da
hier den Siegern nichts als eine Sau als Beute in die Hände
fällt. Und in dieſem Mißerfolg wittern die Bundesgenoſſen eine
Tücke Murners, da dieſer Böſewicht fortwährend darauf ſinne,
dem Luther Schande anzuhängen. Sie beſchließen deshalb, ihn
zu belagern, denn

Wan wir den ſind erobert hant
Dan nimpt erſt vnſer bunt beſtant.

Alle bisherigen Versuche, ihn unschädlich zu machen, seien leider fehlgeschlagen: sie hätten Schmachbüchlein wider ihn geschrieben, ihn zum Drachen gemacht und von ihm erzählt, wie er mit eines Bürgers Weib im Kloster Ehebruch getrieben habe; er aber lache nur darüber und rechne sich gar ihre Feindschaft zur Ehre an. Nun jedoch soll es ihm ernstlich an Kopf und Kragen gehen. Er wird belagert, und Luther freut sich schon, den Vogel im Käfig zu haben. Als Bundeshauptmann ermahnt er ihn, jeden Widerstand aufzugeben, doch Murner lacht der Mahnung und fordert das Kriegsheer höhnisch auf, nur immer tapfer anzugreifen. Er habe denn doch einen größeren Bund, nämlich die ganze große Christenheit, hinter sich, so daß er sich vor ihrem Drohen nicht zu fürchten brauche.

> Dieselbig gemein hat vbergeben
> Mir das schloß zu bieten eben,
> Das wil ich thun zu aller' stund,
> So lang mein athem gat vom mund.

Doch Luther rät nochmals zur Unterwerfung. Er giebt zu, daß Murner Grund habe, sich über die anonymen Schmäh=schriften zu beklagen, mit denen auch ihm selbst ein schlechter Dienst geschehen sei, da sie nur dazu beigetragen hätten, seine Sache anrüchig zu machen. Aber Murner solle bedenken, daß Christus selbst in seinem Bunde stehe, und daß darum jeder Wider=stand thöricht und nutzlos sei. Allein der Belagerte läßt ihn nochmals abblitzen. Es handle sich jetzt nicht mehr um Wort=gefechte. Es sei ihm jetzt völlig gleichgültig, ob Luther jener Schandschriften sich schäme, denn dadurch werde Geschehenes nicht ungeschehen gemacht. Er sei entschlossen, fortan mit gleichem Maße zu lohnen und erst wenn diese Rechnung quitt sei, könne er gütlich mit sich handeln lassen.

So kehrt denn Luther unverrichteter Sache zu den Seinigen zurück und berichtet kleinlaut das Resultat seiner Verhandlungen. Er verhehlt auch nicht, daß er gegen ein ernstliches Vorgehen Bedenken habe und findet darin bei Bruder Veit Unterstützung, der dringend dem nochmaligen Versuche einer gütlichen Vereinbarung das Wort redet. Auch die übrigen stimmen bei, worauf denn Luther sich nochmals auf den Weg macht, um nunmehr dem

Franziskaner vorzuschlagen, er solle lutherisch werden, wofür ihm
Luther zum Lohne seine Tochter zum Weibe geben wolle.

Damit beginnt ein neuer Abschnitt des tollen Spiels, das
nun immer giftiger und frivoler wird. Als Murner jene von
den Bundesgenossen beschlossenen Vorschläge erfährt, erklärt er
sich mit dem zweiten ohne weiteres einverstanden, während ihm
die Forderung des Lutherischwerdens zunächst noch Bedenken
verursacht. Jedenfalls müsse er vorher genau wissen, was eigent=
lich das lutherisch sein zu bedeuten hat. Luther ist natürlich
flugs bei der Hand, ihn über das Wesen des „lutherischen
Ordens" aufzuklären. Erstlich gelte es, den Papst als Antichrist zu
verachten und die Bischöfe mitsamt dem ganzen priesterlichen Stande
zu verlachen. Man dürfe zum andern weder fasten, noch beichten,
noch beten und weder päpstliches noch kaiserliches Recht achten.
Zum dritten müsse, wer lutherisch sein wolle, die Messe für eine
Erfindung des Teufels halten, die Sakramente verachten, Kirchen
und Klöster stürmen, die Heiligenbilder zerstören, auf Mönche
und Pfaffen schimpfen, und alles, was je an Zwietracht in der
Kirche gewesen ist, aufs neue ans Licht zerren. Außerdem müsse
man davon überzeugt sein, daß Luther allein die Wahrheit sage
und alle übrige Welt nichts als Lügen rede. Auch der Bund=
schuh sei auf seiner Seite, der alle Pfaffengüter an sich reiße
und dem Kaufmann das Seine stehle.

> Nun hab ichs murnar dir geseit
> Was vnser orden vsf im treit.
> Wiltu nach diser regel leben,
> So wil ich dir mein dochter geben,
> Nun merck das wol vnd antwurt eben.

Darauf Murner:

> Botz leichnam! das sein fröliche mer,
> Der orden ist mir nit zu schwer,
> Sein die articel euwer orden,
> So wer ich lengst ein apt drin worden.

Hätte er das vorher gewußt, so würde er sich überhaupt nicht
gesperrt haben, doch habe er immer gemeint, daß lutherisch sein
eine schwere Bürde sei; habe gemeint, daß Luthers Anhänger ein
apostolisches Leben führen müßten und nichts als lautere Wahrheit

reden dürften und daß sie vor allem einen so starken Glauben haben müßten, daß sie der guten Werke entraten könnten. Jenen Orden aber wolle er tapfer annehmen und darin, wenn ihm die Tochter würde, bald der Erste sein. Nachdem Luther noch gespottet, daß er ihn für gescheiter gehalten habe, macht sich Murner nunmehr an die Tochter heran, hofiert ihr und singt den berüch= tigten, burlesk ironischen Gassenhauer, dessen Strophen mit dem Refrain „Sparnößlin" endigen. Es wird denn auch alsbald die Hochzeit zugerüstet, nachdem Luther ihm zuvor noch auseinander= gesetzt hat, daß die Ehe kein Sakrament sei, und die Lutherischen die Ehe nur mit gutem Essen und Trinken einzuweihen pflegten, weshalb er alle Pfaffenfrauen und diejenigen Pfaffen, die Weiber genommen, eingeladen habe. In Saus und Braus und bei lustigem Tanz wird die Hochzeit gefeiert; das Ehepaar zieht sich zurück, und nun entdeckt Murner, daß die Tochter am Erbgrind leidet, weshalb er sie, da ja die Ehe kein Sakrament ist, mit Schimpf und Schande wieder davonjagt.

Mit diesem cynischen Effekt hätte die Dichtung abschließen können; doch Murner hatte das Bedürfnis, noch weiter im Schmutz zu wühlen, und so flickte er noch ein paar Kapitel an, in denen er zunächst Luthers Ende ebenso possenhaft wie unanständig schildert und endlich auch den großen lutherischen Narren selbst das Zeitliche segnen läßt. Aller Witz war schon vorher verpufft, und so bleibt hier nichts als die nackte Gemeinheit.

Mit schonungslosem Hohne hatte Murner hier mit seinen Gegnern eine Generalabrechnung gehalten. Und mancher glückliche und stechende Witz mochte ja wohl die Lacher auf seine Seite ziehen, aber doch ist, trotz mancher gelungenen Einzelheit, der Gesamteindruck der Satire — wobei die Tendenz natürlich ganz außer Rechnung bleibt — nur wenig erfreulich. Nicht etwa nur wegen der zahlreichen Roheiten und Gemeinheiten, sondern vor allem deshalb, weil man auch hier wieder nirgends den Eindruck gewinnen kann, daß all der Spott und Hohn wirklich der Ausfluß einer inneren Erschütterung ist und daß er einer Gesinnung entspringt, die, wo es sich um einen Kampf um die heiligsten Güter handelt, schließlich jede Waffe zu adeln imstande ist. Allenthalben eine bissige, polternde, keifende Negation, aber

nirgends eine klare positive religiöse Stellung; nirgends eine
große leitende begeisternde Idee, sondern nur ein höhnisches
Witzeln. Wohl pflanzt er dem revolutionären lutherischen Banner
gegenüber das der alten Kirche auf, das er zu schirmen gelobt
bis zum letzten Atemzuge, aber wie matt ist seine Verteidigung
der drei Inschriften dieser Fahne: Wahrheit, Evangelium und
Freiheit! Die Wahrheit sei schon seit fünfzehnhundert Jahren
bei der „gemeinen Christenheit" und diese allein habe zu erkennen,
was Wahrheit oder Lüge sei, nicht aber jeder beliebige Prediger;
bei ihr allein sei auch das Evangelium und

> Wem sie dasselb nit hat empfohlen,
> Der hat es wissentlich gestolen; —

und sie endlich habe auch allein die wahre christliche Freiheit,
während das, was die Lutherischen so nennen, nichts als Auf=
sässigkeit gegen die Obrigkeit sei, so „wie der Ochs das Joch von
sich wirft."

Und dieser letztere Gesichtspunkt ist auch hier in seiner
Kritik wieder allein entscheidend. Die allein Ausschlag gebenden
religiösen Fragen schiebt er kurzer Hand bei Seite, denn
dafür fehlt ihm jedes Organ, und seine Tendenz ist ausschließlich,
wie schon in seinen antireformatorischen Schriften, darauf gerichtet,
Luther als politischen Revolutionär zu denunzieren, ihn für den
Bundschuh verantwortlich zu machen, den aufrührerischen Karsthans
als den eigentlichen lutherischen Bundesgenossen hinzustellen. Es
ist mit das boshafteste Kapitel des Gedichts, in dem er schildert,
wie Luther vor Beginn des Kriegszugs „den Bundschuh schmiert",
da, wenn man ihn den Leuten in seiner wahren Gestalt zeigen
wollte, niemand auf den Leim gehen würde. Darum eben müsse
man ihn „schmieren", d. h. den Leuten alles mögliche vorreden:
wie sie ein so elendes Leben führten und wie das nun alles
besser werden solle. Alle Zölle, Steuern und Lasten sollten ab=
geschafft werden; kein Bauer solle mehr „Gült" geben und wir
alle würden zu Pfaffen und Edelleuten. Und sei die Sache erst
so lecker gemacht, daß den Leuten der Mund wässere, dann komme
der Luther vollends mit seinen listigen Redensarten von der
christlichen Freiheit, predige Zerstören und Plündern der Klöster

und Stiftungen, nenne die Messe Abgötterei, schmähe die Sakramente und mache mit alledem

> Den buntschuh so vol schmer,
> Als ob er luter zucker wer.

Das Stärkste jedoch war die Beschimpfung der Ehe, die Murner hier als letzten Trumpf gegen die Reformation ausspielte. Hatte doch Luther gerade in letzter Zeit den Lobpreisern der Ehe= losigkeit gegenüber mehrfach über die Ehe gehandelt und gerade den aus dem Kloster Ausgetretenen wieder und wieder zugerufen, daß die Ehe Gottes Wille sei. Im gleichen Jahre wie Murners Gedicht war seine Predigt „vom ehelichen Leben" erschienen und einer nach dem andern von seinen Freunden hatte bereits den Schritt gethan, zu dem er selbst am eifrigsten geraten hatte.[101] Aber eben dieses Thema war für Murners Spott das dankbarste Objekt; hier konnte sich seine innerliche Frivolität recht mit Behagen gütlich thun, und er hatte zugleich die Genugthuung dabei, durch das Rühren an diesen heiklen Punkt, der ja auch vielen evangelisch Gesinnten noch ernstliche Bedenken verursachte, die Anhänger Luthers am empfindlichsten getroffen zu haben. Freilich hatte er nun auch seinerseits auf keine Schonung mehr zu rechnen und nur zu bald sollte dieser vergiftete Pfeil auf ihn selber zurückschnellen.

Murner hatte sich für das Gedicht ein kaiserliches Privileg auf fünf Jahre zu verschaffen gewußt, aber er hatte dabei die Rechnung ohne den Straßburger Rat gemacht, der nicht gewillt war, das beleidigende Pamphlet unbeanstandet durchgehen zu lassen. Der Drucker, Johann Grüninger, kam dadurch in eine üble Lage. Schon der Schrift Murners „Ob der König von England ein Lügner sei oder der Luther" hatte er vorsichtshalber eine höchst charakteristische Entschuldigung beigefügt: . . „hab ich . . . diß buch gedruckt in guter hoffnung, nieman mir solchs verargen werd, wie wol mich etlich angeret ich sol es ein andern trucken lassen. Mag doch ein ieder frummer wol bedenken, das ich mit meiner handtierung diß vnd ander Trück mein narung suchen muß." Jene grobe Schrift hatte denn auch der Rat laufen lassen. Jetzt aber berief er, drei Tage nach Ausgabe des

Gedichts, sämtliche Buchhändler zu sich und ließ sich alle noch
vorhandenen Exemplare ausliefern, die alsbald durch Feuer
vernichtet wurden. Nur wenige hatte Grüninger gerettet und
ersetzte nunmehr in diesen das Privilegium durch eine ähnliche
Entschuldigung: Murner habe ihm zugesagt, daß das Büchlein
niemanden schmähen solle. „Uff solchs hab ich .. das angenummen,
so ich mich auch truckens muß erneren, und mein handel ist.
Von mir getruckt niemans zu lieb noch zu leid" ..[102])

Trotz Beschlagnahme und Vernichtung jedoch war das Gedicht
genugsam bekannt geworden und entfesselte wider den Spötter
eine wahre Flut der heftigsten Ausfälle. Die wirksamste, launigste
und geistreichste Erwiderung wurde ihm aus Basel zu teil, wo
der Buchdrucker Pamphilus Gengenbach 1523 die „Novella"
herausgab,[103]) eine „mit lachendem Humor" geschriebene Satire,
die drastisch schildert, wie Murner von der Reformation verschlungen
wird. Ein von Podagra arg geplagter Pfarrer erzählt seinen
Gästen, daß in seiner Gemeinde ein Bauer mit Namen Karsthans
gestorben sei, der größte Narr, der sich von Luthers Glauben
durch nichts habe abbringen lassen. Er wüßte nun gar zu gern,
was aus diesem Kauz geworden sei, ob er in den Himmel gekommen sei oder ob ihn der Teufel geholt habe. Etliche Zeit
darauf erscheint der Gestorbene dem Pfarrer als Gespenst, und
auf den Rat eines seiner Gäste, eines Doktors vom Predigerorden,
beschließt der Pfarrer, Murner holen zu lassen, um den Geist
zu beschwören. Jener Doktor weiß von unsrem Franziskaner
viel Rühmliches zu berichten:

> In teüschland man auch überal
> Sein leer vnd tugent wol erkent,
> Den Luter hat ouch niemandt gschent,
> Dann er allein durch sein groß kunst,
> Deß hat er worlich großen gunst
> Und rumm von aller wält erlangt.

> Er heißt der doctor Murner,
> Wann ir yn mochten bringen här,
> Der wüst bald wie er in solt bschweren,
> Und wie er in solt reden leren.
> Das ich von imm gehöret han,

Wie er die narren bschweren kan,
Vor imm auch keiner mag beliben,
Thut sich den narren bschwerer schriben.
All schelmen er auch wol erkent,
Daß er sich dann ein meister nent.

Murner vernimmt die Nachricht, daß der Karsthans tot sei, mit großer Freude, denn der sei es gewesen, der ihn am meisten geschändet und zu einer Katze gemacht habe. Er geht denn auch zur bestimmten Zeit mit etlichen Begleitern auf den Kirchhof, wo der Geist richtig sich einstellt. Zunächst versucht der Doktor sein Heil, aber seine Beschwörung bleibt wirkungslos. Da geht Murner ins Zeug und zwingt den Geist, Rede und Antwort zu stehen. Und nun entpuppt sich dieser als der große lutherische Narr, den sein Beschwörer unlängst begraben hatte; er habe jedoch noch keine Ruhe gefunden und werde sie auch nicht eher finden, als bis er nochmals einen Narren verschluckt habe. Am nächsten Morgen stellt er sich wieder ein und nachdem er mit Murner abgerechnet, packt er ihn trotz allem Sträuben und verschluckt ihn.

Der meßner sprach: o Murnerlin,
Sing mir jetz das sparnößlin . . .
Mit narren bist din tag umbgangen
Deß hast du jetz din lon empfangen.
Requiescat in pice
Er beschwert kein narren me.

Der Dichter der „Novella" — so bemerkt Karl Goedeke — hat Recht: die große Bewegung der Welt ging über Murner hinweg und verschlang ihn und seinen veraltenden Humor.

Dieser von Gengenbach angeschlagene Ton klang nun in den mannigfachsten Variationen wieder, und noch in ganz andrer Weise als zuvor wurde Murner jetzt in Flugschriften und Holz= schnitten die Zielscheibe des Spottes und ein Gegenstand gründlichster Verachtung. Ein aus dem Winter 1524 stammendes, Triumphus veritatis [104] betiteltes Schriftchen zeigt in derber Illustration unter den Feinden der Reformation in einem wüsten Chor von Kuttenträgern mit Tierköpfen auch ihn mit dem Katzenkopfe und höhnt über den „Murnau, Murnar", der das Mausen nicht lassen kann. Und noch gründlicher wurde ihm in der aus dem Wittenberger Kreise herrührenden „Lutherischen Strebkatze" [105] seine Lästerung Luthers heimgezahlt. Auch ·hier haben wir einen Titelholzschnitt ähnlichen Inhalts: Luther hält das Kreuz, gegen das ein gegnerischer Haufe losstürmt, während der Papst, seiner Krone verlustig, hinterrücks zu Boden stürzt. Unter der Rotte, die wider Luther ins Feld rückt, fehlt natürlich auch der Mönch mit dem Katzenkopfe nicht, dem ein andrer mit einem Bockskopfe Emser zur Seite steht. Und diese Umwandlung der Gegner Luthers in Tiergestalten versucht die prosaische Vorrede sogar aus der Schrift zu rechtfertigen. Christus nennt die Pharisäer und Gleisner Schlangen und Paulus warnt vor falschen Lehrern mit den Worten: „fliehet die Hunde!" Jesaias nennt die un=gelehrten Bischöfe „stumme Hunde" und ähnliche Beispiele lassen sich in der heiligen Schrift zu tausenden nachweisen. Warum sollen wir nicht gleichfalls so reden? Diejenigen, die da wider=bellen und widermurren dem Guten und die Schrift fälschen, die den Papst liebkosen und den Unschuldigen beißen und kratzen — sind die nicht Hunde und Katzen? Mit solchen Tieren aber hat sich der Antichrist, der Papst, umgeben, mit „blutgierigen, gottlosen Bestien" wie Eck, Emser und Murner.

In dem Gedicht selbst nun wendet sich der Papst an seine Gesellen, mit der Aufforderung, ihm gegen die Angriffe Luthers beizustehen. Erst kommt Emser, dann Eck, als dritter endlich Murner an die Reihe — sie alle aber werden vom „Genius" mit Hohn heimgeschickt. Und doch hatte der Papst gerade auf Murners „scharfe Klauen" und sein Geschrei so großes Ver=trauen gesetzt! Und Murner war auch so gerne bereit gewesen, da ihm die Aufforderung just zur rechten Zeit kam: das englische Geld, das ihm König Heinrich für Rettung seiner Schande gespendet hatte, war aufgezehrt, und wolle nun der Papst seine Hand auf=thun, so wolle er ihn fleißig beschirmen. So nimmt denn auch der Genius zunächst den päpstlichen Soldschreiber vor [106]: man wisse ja, daß der Papst alle seine Hilfe sich erkaufen müsse, da kein „frommer Gelehrter" für ihn einzutreten willens sei. An Murner aber habe er sich gerade den richtigen Helden gewonnen: einen Gelehrten, dessen Ruhmestitel „Gäuchmatt" und „Schelmen=zunft" seien, und der endlich in dem vom Straßburger Rate ver=brannten „großen lutherischen Narren" sich selber geschändet habe.

Solch unverschampte lesterwort
Hab ich mein lebtag nie gehort
Als in dem selben büchlin war.
Durch gschrifft so thustu nichtset dar:
Das schafft, du bist ir nit geübt,
Allein zu hippen dir geliebt.

Darauf zieht Murner verdutzt von dannen, um zu sehen, ob es anderwärts etwas zu mausen giebt.

An Rücksichtslosigkeit und Derbheit gab diese Abwehr, wie man sieht, dem Murnerschen Angriff nur wenig nach), aber man spürt hier doch allenthalben etwas von der starken sittlichen Entrüstung, welche ein so würdeloses Witzeln und Höhnen in allen Kreisen der Evangelischen hervorgerufen hatte. Und man spürt hier zugleich überall einen so kecken, glaubensmutigen und siegesfrohen Geist, der uns wohl mit dieser oder jener anstößigen Ungeschlachtheit versöhnen kann. Es ist eben auch hier allenthalben ein Hauch des Geistes, der siegreich über das Alte hinwegschritt, ohne sich durch den bissigen Hohn eines Kutten= trägers beirren zu lassen.

Fünftes Kapitel.

Ausgang.

—

Hatte schon das Einschreiten des Rats gegen sein Gedicht vom „lutherischen Narren" Murner davon überzeugen müssen, daß die reformatorische Bewegung auch in Straßburg festen Fuß gefaßt hatte, so konnte ihm vollends nach seiner Rückkehr aus England (im Herbst 1523) kein Zweifel mehr bleiben, daß auch hier der Sieg der Reformation entschieden war. Auf ihrer Seite stand die Obrigkeit mit der überwiegenden Mehrzahl der Bürger, und schon fanden hier die Flüchtlinge, die um des Glaubens willen vertrieben worden waren, gastliche Aufnahme. Zu Beginn des neuen Jahres (am 16. Februar) wurde zum ersten Male das Abendmahl unter beiderlei Gestalt ausgeteilt, am 19. April die Messe unter großem Zulauf des Landvolkes deutsch gelesen und die Taufe auf dieselbe Weise gehalten. Nur ganz weniges im Gottesdienste erinnerte noch an die Vergangenheit, da man hier der innerlichen Trennung von der alten Kirche voll sich bewußt war.[107]

Murners Kloster war inzwischen, bedingt durch allerhand innere und äußere Umstände, dermaßen heruntergekommen, daß schon im November 1523 die Mehrzahl der Insassen bereit war, die Ordenskleider abzulegen und die Verwaltung ihrer Pfründen dem Rate anheimzustellen. Dagegen hatte jedoch eine kleine Minderheit mit dem Provinzial an der Spitze Einsprache erhoben, worauf jene eigenmächtig die Kutten ab- und das Gewand der Weltgeistlichen anlegten — ein bedeutsamer Schritt, da der Rat ein paar Tage zuvor für diesen Fall die Inventari-

sation der Klostergüter beschlossen hatte.[105]) Zu ihrer Recht=
fertigung reichte Murner mit den andern Konventualen am
12. März dem Rate eine Denk= und Bittschrift ein, die über
den Provinzial, D. Georg Hofmann, bittere Klagen enthielt und
zugleich den Antrag auf Gewährung des Bürgerrechts aus=
sprach. Auf die inneren Zustände des Barfüßerklosters wirft dieses
Schreiben grelle Streiflichter. Die Mönche hätten, so heißt es
darin, ihrer Kutten wegen seit einiger Zeit vielfache Schmach
erleiden müssen, und da sie durch ihre Ordensregel zu dieser
Kleidung nicht verpflichtet seien, wünschten sie dieselben mit
Einwilligung des Magistrats abzulegen, damit sie deswegen nicht
von dem Bischof und den kirchlichen Obern belangt werden
könnten. Zugleich bäten sie, der Rat möge sie als Bürgerskinder
in seinen besonderen Schirm nehmen, da ihre Klostergemeinde
unmöglich länger in solchem Wesen fortbestehen könnte. Der
größte Teil ihrer Einkünfte sei bereits in Abgang geraten und
das wüste Treiben ihres Provinzials, dessen Buhlschaften in dem
weiblichen Klarakloster allgemein bekannt seien, triebe sie vollends
dem finanziellen Ruin entgegen. Schon seit vierzehn Jahren
liege ihnen dieser auf dem Halse und lebe auf ihre Kosten wie
ein Fürst; einen Priester müßten sie für ihn halten zum
Messelesen und das Geld dafür stecke der Provinzial in seine eigene
Tasche; einen andren Priester brauche er zur Besorgung seiner
Pferde, was doch wahrlich ein völlig unpriesterliches Amt sei.
Ja, Pferdehandel und Roßtäuscherei treibe dieser würdige Mann,
mache ihr Kloster zum Gasthaus und wirtschafte mit seinen
leichtfertigen Kumpanen derart, daß sie es zur Ehre der Geistlichkeit
nicht einmal sagen wollten. Dabei schüre er die Uneinigkeit in
der Gemeinde und verspotte ihre Mitglieder auf die unbilligste
Weise. Mehr als einmal habe er schon gepredigt, daß man
ihnen nichts mehr opfern solle, weil sie lüderlich seien; habe
sie von der Kanzel herab Eselsköpfe genannt, die nicht einmal
das Abc könnten und denen man beileibe nicht beichten sollte,
weil sie keine Absolution zu geben imstande wären. Auch
betrage er sich Tag für Tag bei Tisch so ungeistlich, daß sie
mit Ehren nicht davon reden könnten. Zum Schluß endlich
gaben sie eine Abrechnung über den Schaden, den sie einmal

durch das Anwachsen des Luthertums und zum andern durch
das wüste Gebahren ihres Provinzials erlitten hätten, wobei der
„Abgang der Lutherey halb" auf 180 Gulden, der durch
D. Hofmann angerichtete Schaden auf 177 Gulden jährlich
geschätzt wurde.[109]) Und da sie niemanden hätten, der sich ihrer
annähme, so wendeten sie sich um Abhülfe ihrer Beschwerden
an die bürgerliche Obrigkeit, in der Hoffnung, daß diese ein
gnädiges Einsehen haben und ihnen ihren Schirm nicht ver=
jagen werde.

Der Rat schritt denn auch alsbald zur Ausführung seines
Beschlusses und ließ, da durch Ablegung der Ordenskleider der
Konvent sich thatsächlich aufgelöst hatte, die Klöster sequestrieren,
obwohl das zu Offenburg abgehaltene Kapitel des Barfüßer=
ordens[110]) Einsprache dagegen erhob und die Mithülfe des
Magistrats forderte, um die Mönche zur Wiederaufnahme der
Kutten zu bewegen. Doch waren nun in Straßburg selbst Konvent
und Provinzial völlig mit jener Maßregel einverstanden, ja
letzterer gab sogar seine Einwilligung dazu, daß diese auch auf
die beiden zugehörigen Frauenklöster ausgedehnt werde.[111]) Am
26. März wurde der übel berüchtigte Jörg Hofmann in die
Bürgerrolle aufgenommen.[112])

Die Kunde von diesen Vorgängen hatte sich rasch auswärts
verbreitet und auch Luther nahm davon Notiz, indem er (4. Juli
1524) an Johann Brisman in Königsberg schrieb[113]): „Murnarr
hat mit den Seinen die Kutte verändert und das Kloster ver=
lassen. Einige sagen, daß er ein Canonicus regularis oder
einer des Studentenordens im Stift geworden sei. Er bleibt
der alte Murnarr". Und als solchen betrachtete ihn auch der
Straßburger Rat, der ihm und etlichen andern aus dem Franzis=
kanerkloster beharrlich das Bürgerrecht verweigerte. Auch sah
er nicht ohne Mißtrauen seine Reise zum Nürnberger Reichs=
tage, wo natürlich der päpstliche Legat über die gegen die Klöster
ergriffenen Maßnahmen Rechenschaft forderte. Am 29. März war
Murner dorthin aufgebrochen und alsbald schrieb der Rat[114])
an seine Gesandten Hans Bock und Martin Herlin, indem er
ihnen über die im Barfüßerkloster und den Klöstern zu St. Klara
vorgenommenen Neuerungen berichtete und ihnen zugleich ein

wachjames Auge auf Murners Treiben anempfahl. Denn es jei
zu befürchten, daß er die Vorgänge in einer Weije darjtellen
werde, die dem Rat und der Stadt zum „Unglimpf" gereichen
könne. Dieje Warnung war nicht grundlos, denn Murner [115]
ließ es jich in der That angelegen jein, Rat und Bürgerjchaft
beim päpjtlichen Legaten zu verdächtigen, doch wurde es dem
gegenüber den jtädtijchen Gejandten nicht jchwer, die getroffene
Aenderungen zu rechtfertigen. Wegen der Frauenklöjter erklärten
jie jogar ganz offen, daß das „verlumpte" Wejen darin un=
möglich länger zu dulden gewejen jei. Die Mönche jeien
ungehindert darin ein= und ausgelaujen, und jo habe man die
Nonnen wohl oder übel penjionieren müjjen.

So hatte dieje Fahrt gen Nürnberg für Murner kein anderes
Ergebnis, als daß jie ihm mit ganz bejonderer Schärfe vor
Augen führte, wie fejt und tief bereits der reformatorijche Gedanke
in den Gemütern Wurzel gejchlagen hatte. Denn gerade in
Nürnberg [116] mußten jich die Wortführer der neuen Lehre von
der frijchen Begeijterung der Volksmajjen getragen und eben jetzt,
unter den Augen der Reichsverjammlung und des päpjtlichen
Legaten, vollzogen jich im Kultus tiefeinjchneidende Veränderungen,
denen Campeggi machtlos gegenüberjtand. Und diejer jelbjt
hatte hier mitjamt jeinen Freunden Cochläus und Murner in
reichjtem Maße die ganze Verachtung des Papjttums zu empfinden,
die weite Schichten der Bevölkerung ergriffen hatte. [117] Am
11. April berichtete Philipp von Feilitzjch [118] dem Kurfürjten
Friedrich von Sachjen über Murners Anwejenheit und erzählte
dabei, wie diejer, als er unlängjt nach St. Lorenz zur Predigt
gegangen, um dort dem Legaten neue Zeitung mitzuteilen, auf
dem Heimwege von mehr denn hundert Buben mit dem Rufe:
„Murnarr, Murnarr, Katzenkopf!" verfolgt worden jei. Darauf
jei er ins Barfüßerkloster geflüchtet, wo ihm die Mönche die
Pforten geöffnet und ihn eingelajjen hätten. Er jei auch etliche
Male auf dem Rathauje gewejen, und jedesmal hätten ihn die
Buben „wie einen Narren umgetrieben", jo daß er unter Spott=
reden habe heimgehen müjjen.

Aber noch war der ruhelose und jtreitlujtige Franziskaner
keineswegs gewillt, den Kampf aufzugeben. Nach jeiner Rückkehr

aus Nürnberg, den Sonnabend nach Pfingsten, wandte er sich abermals an den Rat mit der Bitte, ihm seines Vaters Recht zu geben und ihn als Bürger der Stadt zu erklären; doch war der Rat, erbittert über die Nürnberger Umtriebe des Mönchs, jetzt noch weniger als zuvor geneigt, auf diesen Wunsch einzugehen.[119] Da entschloß sich Murner, der vordem am eifrigsten für das Ablegen des Ordenskleides eingetreten war, die Kutte wieder anzulegen und durch Wiederannahme der vorigen Kleidung sich von seinen Ordensgenossen abzusondern.[120] Seine Stellung war dadurch natürlich nach allen Seiten hin unhaltbar geworden, und es kann nicht Wunder nehmen, wenn ihn schließlich beim Eintritt der Katastrophe auch seine eigenen Ordensbrüder ausnahmslos im Stich ließen.

Doch beschränkte er sich keineswegs auf diese Demonstration, sondern fuhr nach wie vor fort, gegen die evangelische Lehre zu agitieren. Mit großer Schärfe hatte schon im April ein Schriftchen Wolf Köpfels,[121] das zunächst gegen den Augustiner-Ordens-Provinzial Konrad Träger gerichtet war, über eine seiner Predigten sich ausgesprochen. Auf dreierlei Weise, so führte der Verfasser aus, operierten die Feinde der Wahrheit und zwar, indem sie zunächst sich beflissen zeigten, ihren Irrtümern etwas Schein und Farbe der heiligen Schrift zu verleihen. Dafür sei ihnen von Matthias Zell in der Verantwortung seiner Artikel gelohnt worden. Zum andern suchten sie unser Evangelium als neidisch und gehässig darzustellen, so daß es keine gute Frucht tragen könne, worauf Capito in seiner Entschuldigung an den Bischof von Straßburg Antwort gegeben habe. Nun aber, nachdem die Wahrheit am Tage liege, griffen sie zur dritten und letzten Aushülfe, indem sie sagten, „wir glauben nicht der Schrift, sondern allein der Kirche". So habe Bruder Konrad geredet, so auch Doktor Murner in seinen Predigten es ausgeschrien. Am Palmsonntag nämlich habe Murner wörtlich gesagt: „Ich sollte auch etwas von der Einsetzung des Sakraments sagen. Glaubt ihr dem Evangelium, so glaub' ich ihm nicht, sondern allein, was die Kirche angenommen hat". Und bald darauf habe er nochmals wiederholt, daß er dem Evangelium nicht glaube. „Jetzt, gottlob, — so fügt der Verfasser hinzu — ist's am

Ende, da sie dahin gebracht sind, daß sie die Schrift leugnen. Jetzt ist der Greuel ihres Herzens offenbar geworden." Und abermals hören wir aus dem Sommer desselben Jahres von einem Eingreifen Murners in die kirchliche Bewegung. Es handelte sich jetzt um die Messe, die ja vor allem den Evangelischen ein Dorn im Auge war und die den Angelpunkt der ganzen inneren Geschichte der folgenden Jahre bildet, da erst mit ihrer Abschaffung der Sieg der Reformation endgültig entschieden war.[122] Am 24. Juni war die „Teutsche Meß und Tauf, wie sie jetzund zu Straßburg gehalten wird", erschienen, und gleich war Murner bei der Hand, zu Gunsten der Messe über das 11. Kapitel des 1. Korintherbriefes Vorlesungen zu halten, über die wir durch einen Brief Gerbels an Schwebel[123] unterrichtet sind. „Es ist — schreibt dieser — das alte Lied: die Messe sei ein Opfer und nach der Wandlung sei kein Brot mehr da und dergl. Ich wollte, du könntest nur einmal ansehen und hören, wie er mit seiner kecken dreisten Stirne bald sitzend, bald aufspringend seine Unverschämtheiten ausstößt. Capito, Butzer und Lambert von Avignon antworten Tag für Tag auf die frechen Behauptungen des Polterers, sowohl in den Predigten, als auch in ihren Vorlesungen, wozu sich eine ungeheure Menge drängt und worüber Murner bersten möchte, der immer schreit: die gelehrten Vorlesungen und Disputationen gingen die Laien nichts an; sie sollten zu Hause und ein jeder bei seinem Leisten bleiben". Butzers Einladung zu einer Disputation lehnte Murner ab, doch fand er sich endlich dazu bereit, jenem die Handschrift seiner Vorträge mitzuteilen, auf welche nun Butzer in dem Schriftchen „Von des Herrn Nachtmahl, auf die Einwürfe Murners, die dieser zum Teil selbst erdacht, zum Teil aus des Bischofs von Rochester und anderer Frömmigkeitsfeinde Büchern zusammengestoppelt hat"[124] nicht ohne mancherlei persönliche Ausfälle erwiderte. In dem Straßburger Abendmahlsstreite, der erst durch Karlstadts Auftreten seine Schärfe und seine prinzipielle Bedeutung erlangen sollte, ist jedoch Murners Eingreifen eine so bedeutungslose Episode, daß wir eines näheren Eingehens auf seine sachlichen Ausführungen füglich entraten können. Wohl aber trug seine Einmischung natürlich dazu

bei, die Erbitterung gegen seine Person noch zu steigern, und
bald sollte sich diese, während er selbst in seinem Geburtsorte
Oberehenheim weilte, in einem rohen Gewaltakte Luft machen.
Um Michaelis nämlich brach in Straßburg, hervorgerufen
durch das agitatorische Auftreten des schon genannten Provinzials
der Augustiner, Konrad Träger, ein Tumult aus; ein aufgeregter
Volkshaufe brach im Augustinerkloster ein und stattete hinter=
her auch der Wohnung des verhaßten Murners einen Besuch
ab. Dabei wurde in den Räumen des Abwesenden allerlei
Hausrat zertrümmert und beschädigt, ihm auch ein Manuskript
entwendet, dessen Verlust ihm ganz besonders empfindlich war.
Er richtete sofort von Oberehenheim aus an Meister und Rat
eine Beschwerdeschrift,[125] in der er in beweglichem Tone erzählte,
wie er in seiner Abwesenheit erfahren habe, daß man sich an
dem Seinigen thätlich vergriffen und ihn selbst ins Gefängnis
habe bringen wollen. Er könne das kaum glauben, da er sich
doch allezeit gegen einen ehrsamen Rat gehorsam gehalten habe und
eine solche That auch der Bürgerschaft nicht zutraue, da er ihrer
keinen mit Wissen und Willen je beleidigt habe und von frommen
Eltern geboren sei. Indessen höre er von den Vorgängen so
viel, daß er ihnen in etwas Glauben schenken müsse, weßhalb er
den Rat „um Gottes willen und von wegen des jüngsten
Gerichts" bitte, ihm gegen solche Handlungen zu seinem Recht
zu verhelfen. „Ich hoffe, Ihr werdet Mitleiden mit mir haben,
damit nicht ein armer Bürgerssohn ohne alle Schuld geschändet,
geschmält und die Stadt Straßburg zu meiden verursacht werde."
Nachdem er im weiteren den Verdacht ausgesprochen, daß wohl
sein „holdseliger" Provinzial dazu bewegt und gehetzt habe, klagt
er vor allem, daß man ihm eine Handschrift, den König von
England betreffend, „uß dem trog" genommen und sie Matthias
Zell ausgeliefert habe und bittet den Rat um Gotteswillen,
dieses Buch an sich zu nehmen. Auch bittet er den Rat um
seine Vermittelung beim Konvent, damit ihm die ihm zustehenden
Kompetenzen auch in seiner Abwesenheit ausgefolgt würden, da
es unmöglich des Rates Wille oder Meinung sein könne, daß er
aus seinem Vaterlande vertrieben, ins Elend gejagt und seiner
natürlichen Nahrung beraubt werde. Sollte aber der Konvent

sich weigern, so begehre er als sein Recht zum mindesten das,
was sein Vater für ihn aufgewendet und was er des Klosters
wegen auf den Schulen verzehrt habe. Ein paar Tage später
(„Geben zu Oberehenheim montag nach Michahelis 1524") wieder=
holte er die Bitte, indem er dem Rate vor allem nochmals sein
Buch über den König von England, („doran mir fast fil ligt")
nachdrücklich ans Herz legte.

Etliche Wochen später („uff donnerstag vor Martini Anno
1524.") dankte er dem Rate für die ihm gewordene Antwort, in
der es heiße: „sei ihm Schaden zugefügt worden, so sei das ohne
Willen und Kenntnis des Rats geschehen; wolle er aber jemanden
anklagen, der seinem Stabe unterworfen sei, so wolle er ihm zu
seinem Rechte behülflich sein und ihm frei Geleit dazu geben."
In diesem Schreiben, erwiderte Murner, sei ihm manches un=
verständlich. Er könne doch nicht wissen, ob die Uebelthäter der
städtischen Gerechtigkeit unterworfen seien oder nicht, auch meine
er, daß, wollten dieselben überhaupt einem ehrsamen Rate gehor=
samen, sie wohl einen solchen Handel unterlassen hätten. Er
wisse ferner nicht, ob er in einem so ungewöhnlichen Falle einem
gewöhnlichen Geleit vertrauen dürfe, und da er an einer schweren
Krankheit leide, sei er nicht in der Lage gewesen, sich darüber
mit guten Freunden zu beratschlagen. Der Rat möge es daher
nicht übel deuten, wenn er seiner Aufforderung zunächst nicht
Folge leiste. Doch wiederhole er seine Klage, daß er, noch dazu
schwer erkrankt, um Haus und Hof gekommen, seines Lebens nicht
mehr sicher und also ohne seine Schuld gleichsam des Landes
verwiesen sei. Und noch einmal rufe er deshalb die Hilfe des
Rats gegen den Konvent an, damit dieser ihm sein Haus (an
dem er laut beigefügter Spezifikation mehr als 49 Gulden verbaut
habe), sowie seine Nahrung wieder aushändige. Dies zu fordern,
sei sein gutes Recht; das Geld, das er in sein Haus gesteckt und
die 600 Gulden, die er des Klosters wegen verstudiert habe, müsse
ihm das Kloster ersetzen.

Man sieht hieraus, wie auch schon aus der früheren Anklage
wider seinen Provinzial, daß Murner selbst als seine eigentlichen
Feinde die eigenen Ordensbrüder betrachtete, und daß demnach
an seiner unfreiwilligen Verbannung im letzten Grunde nicht

der konfessionelle Gegensatz, sondern die Feindschaft seines eigenen Klosters die Schuld trug. Ja es scheint, als habe der unbesonnene Streich einer erregten Rotte dem Konvente den willkommenen Anlaß geboten, sich nunmehr des unbequemen, händelsüchtigen Genossen gänzlich zu entledigen. Mit allen übrigen Mönchen hatte inzwischen der Rat das Verhältnis endgültig geregelt; Kloster und Klostergüter waren der Stadt übergeben und die einzelnen Insassen durch Pensionen abgefunden worden. Aber Murners an die Klosterherren gerichtetes Gesuch um Zahlung von 108 Gulden wurde von diesen abgelehnt und zwar mit der für ihn wenig schmeichelhaften Motivierung, daß er, wenn er das Geld durchgebracht, doch wieder mit neuen Forderungen kommen werde.[126]

So kam das neue Jahr (1525), und noch immer war Murner, ein kranker Mann, in Oberehenheim, ohne daß sich inzwischen sein persönliches Verhältnis zu Straßburg geklärt hätte. Er schrieb nunmehr an seinen Schwager Peter Willenbach,[127] daß er von einem Mandat gehört habe, demzufolge alle Geistlichen Bürger werden oder die Stadt Straßburg verlassen müßten. Da er nun sein Lebtag nicht die Absicht gehabt habe, die Stadt zu meiden, so bitte er ihn, ihm frei Geleit und Sicherheit zu erwirken, damit er kommen und das Bürgerrecht empfangen könne. Zwar sei er sich vor Gott und Welt keiner Schuld bewußt, um derentwillen er eines solchen Geleits bedürftig sei, doch wage er nicht, nach dem, was an ihm begangen worden, ohne solche Sicherheit zurückzukehren. Gleichzeitig trug er dem Straßburger Ammeister Nikolaus Kniebs das gleiche Gesuch vor.[128] Doch noch ehe ihm eine Antwort werden konnte, war auch im Elsaß der Bauern= krieg entbrannt[129] und gerade Oberehenheim von den Aufständischen ernstlich bedroht worden. Die Bauern, die vom Rate die Aus= lieferung der in die Stadt geflüchteten Geistlichen verlangten, forderten besonders hartnäckig diejenige Murners,[130] worauf dieser, seiner Krankheit ungeachtet, sein Leben durch die Flucht rettete.

Jene für Oberehenheim kritischen Tage währten vom Oster= montag (17. April) bis zum 19. Mai und in diese Zeit wird somit auch Murners Flucht zu setzen sein. Ueber seine Schicksale während der nächsten Monate sind wir nicht unterrichtet; erst im Januar 1526[131] taucht er wieder in Luzern auf, wo nun

Rat und Kloster sich thatkräftig seiner annahmen. Auch bemühte sich der erstere redlich, Murners Verhältnis zu den Straßburger Klosterherren zu ordnen und die entstandenen Differenzen auf gütlichem Wege beizulegen. In „laiischer, unordentlicher Kleidung" — so schrieb er dem Straßburger Rate[132]) — sei unlängst der würdige, hochgelehrte Doktor Thomas Murner, nachdem er durch zusammengelaufene Bauernrotten „thätlich" aus seinem Vaterlande vertrieben worden sei, in ihre Stadt gekommen, wo sie ihn, teils dem Straßburger Rate zu Ehren, teils aus Mitleid mit seiner schweren Krankheit, auf städtische Kosten bekleidet, ins Barfüßer= kloster aufgenommen und ihm eine Predigerstelle übertragen hätten. Sie hätten an seiner Aufführung ein großes Gefallen und nicht zuletzt daran, daß er vom Straßburger Rate allezeit im Tone „unterthänigsten Lobes" geredet habe. Auf diesen setze er auch nach wie vor noch alle seine Hoffnung und habe sie gebeten, Fürsprache für ihn einzulegen, damit ihm endlich sein Recht werde. Und auch Murner selbst wandte sich von hier aus aufs neue an den Rat mit dem gleichen Ersuchen.[133]) Seit er vor Jahres= frist um frei Geleit nach Straßburg gebeten habe, um dort seine Rechte persönlich wahrzunehmen, sei er durch zusammengelaufene Bauern mit Gewalt aus dem Lande verjagt worden. Nun aber bitte er unterthänigst, ihm auf gütlichem Wege zu seinem Rechte zu verhelfen, da er bei seiner angeborenen Liebe zu seinem Vater= lande keinen andern Weg als den der Güte und Freundlichkeit vorschlagen könne. Erst wenn solch freundlicher Vorschlag, „was Gott und die reine Jungfrau Maria verhüten wolle!", erfolglos bliebe, würde er gezwungen sein, andre Wege einzuschlagen. Er habe sich niemals gegen den Rat oder die löbliche Stadt Straßburg ungebührlich benommen, so daß er gewiß sei, der Rat werde „seinem Kinde" nicht abschlagen, was er selbst einem Mörder schuldig sei. Er erbiete sich, vor ihm zu erscheinen, sei es in Schlettstadt oder Hagenau, oder Offenburg oder Oberehenheim, „wo es meinen gnädigen lieben Herren am gelegensten ist", um ihnen zu erzählen und zu klagen, wie er unschuldig unterdrückt worden sei.

Auf jene Fürsprache des Luzerner Rates hin erhielten nun= mehr die Klosterherren Vollmacht, mit Murner zu unterhandeln und es kam zu einer Vereinbarung, durch die er ein für alle mal abgefunden wurde. Er gab daraufhin schriftlich die Erklärung[134]) ab, daß er, nachdem ihm der Rat als Renten, Zinsen und Gefälle seines Hauses jährlich 52 Gulden auf Lebenszeit als Leibgedinge angewiesen habe, auf alle weiteren Ansprüche Verzicht leiste. Er fügte hinzu: „So will ich mich hiemit verschribben und verbunden haben, einer stat Straßburg ere und nutz zu fürdren und iren schaden zu warnen, ouch einer stat Straßburg burger, angehörigen und verwandten, weder mit predigen, schreiben, dichten, drucken oder andrer gestalt, wie das durch mich beschehen kündt oder möcht, weder durch mich selbs, oder durch yeman anders von mynen wegen bekümmren, verletzen oder beleidigen soll oder will." Falls er diese Verpflichtung nicht halten sollte, wolle er seine jährliche Pension verwirkt haben. „Das ich mich hiemit fry willig verbunden und begeben haben will."

Mit diesem feierlichen Versprechen jedoch nahm er es nicht allzu ernsthaft. Schon im Sommer hatten sich die Klosterherren mit einem Murnerschen „Schmachbüchlein" zu beschäftigen und nicht lange darauf drohte er, ein gleiches wider Capito und den Buchdrucker Wolfgang Köpfel drucken zu lassen, so daß ihn der Rat bedeuten mußte, „er solle wissen, was er versprochen habe und solle sich darnach halten; wo nicht, so würde man sich an das halten, was er unterschrieben, d. h. seine Pension zurückhalten."[135]) Ihm jedoch war schon wieder der Kamm so geschwollen, daß er sich sogar zu Ermahnungen und Ratschlägen an die städtische Obrigkeit berechtigt hielt. Sie möge nur — so schloß er sein in anmaßendem Tone gehaltenes Rechtfertigungsschreiben („Freitag vor Martini 1526") — den wütenden Prädikanten den Zaum nicht zu lang lassen, denn wenn diese mit Mönchen und Pfaffen fertig geworden seien, würden sie auch mit Rat und Bürgerschaft fertig werden. Und er fügte als letztes Abschiedswort an die Heimat hinzu: „Hat mich die lutherische Ungerechtigkeit in Armut gebracht, so soll sie mich doch, so Gott will, um meine Ehre und um meinen Glauben nicht bringen, ob sie auch noch so sehr wüte."

Damit waren seine Beziehungen zur deutschen Heimat end= gültig gelöst, und sein Kampf galt fortan in erster Linie den Schweizer Reformatoren, den „ehrlosen, diebischen Zwinglinsbuben", gegen die er nun mit verdoppelter Heftigkeit und Bissigkeit zu Felde zog. Seine Polemik wurde jetzt immer ungeschlachter und roher; die erlittenen persönlichen Unbilden hatten ihm jeden sittlichen Halt geraubt und er sank nun von Stufe zu Stufe bis zum niedrigsten Pasquillanten. Wo er fortan noch die deutsche Reformation berührte, da geschah es immer nur mit wüstem Geschimpfe. Sein schon zu Ende des Jahres 1526 vollendeter, zunächst gegen die „zwei erzbübischen, ketzerischen Lecker und Schelme" Zwingli und Oekolampadius gerichteter „Lutherischer Evan= gelischer Kirchendieb= und Ketzerkalender"[136]) ist wohl so ziemlich das ordinärste, was die wahrhaftig nicht feinfühlige Pamphletlitteratur jener Tage hervorgebracht hat. Daß unter den neuen Kalenderheiligen auch Luther nicht fehlt, ist natürlich: gleich im Januar figuriert er als „Ketzer und ausgelaufener Mönch" zwischen Judas dem Verräter und Manicheus, „ein Unflat." „Gott behüte" -- so schließt das witzlose Machwerk — „alle frommen Christenleute vor allen denen, die in diesem Kalender verzeichnet sind und allen, die ihnen und ihrer Lehre anhängen, denn sie sind alle ehrlose Bösewichte, Diebe, Lecker und Schelme." Und bereits im Juli hatte er in seinem „Wahrhaftigen Ver= antworten" in ganz ähnlicher Weise seinen Haß ausgetobt: „Ehrlos ist der Luther, der wider Gott, die h. Schrift, gute Sitten und die heilige Kirche vierhundert Mal gelogen hat, wie das Murner bewiesen hat und noch beweisen will, vor welchem Richter man wolle. . . . Ehrlos sind auch alle Lutherischen, durch deren verworfene Lehre es geschehen ist, daß so viel Tausend Menschen in so kurzer Zeit erschlagen worden sind, welcher Blut ohne Zweifel zu Gott in die himmlischen Ohren ruft." (Bl. Diij.) Ein jeder Glaube aber, der seine Gläubigen, ein jedes Gesetz, das seine Erfüller, eine jede Geistlichkeit, die ihre Andächtigen, eine jede Lehre, die ihre Jünger ehrlos mache, sei dem göttlichen Gesetz, der Vernunft, dem natürlichen und Völkerrecht zuwider, sei lügenhaft, verworfen und ehrlos. (Bl. Ciij.)

Doch die Darstellung seiner Teilnahme an den kirchlichen Kämpfen der Schweiz greift über den Rahmen dieser Schrift hinaus, denn nur sein Verhältnis zur deutschen Reformation zu schildern war die Aufgabe dieser Blätter. Und für die deutsche

Kirche hatte er fortan jede Bedeutung verloren; noch zwar tauchte
hier und da in der Flugschriftenlitteratur unter den Widersachern
der Reformation auch der alte „Murnarr" auf, doch niemand mehr
erwies ihm die Ehre, ihn ernsthaft zu nehmen. Auch die eigenen
Glaubensgenossen versagten dem behendesten, witzigsten und gröbsten
Gegner des Wittenberger Ketzers den von ihm erwarteten Dank, wie
ihm ja auch bis zum heutigen Tage noch die katholische Geschichts=
schreibung eine eingehende Würdigung und das ihm gebührende
Denkmal schuldig geblieben ist.[137] Und doch ist es lehrreich,
nicht nur den äußeren Schicksalen des merkwürdigen Mannes,
dessen Leben etwas vom Abenteurer hat, nachzugehen, sondern
auch das litterarische Charakterbild des rüstigen Kämpfers fest=
zuhalten, der seine reiche Begabung und seine nimmermüde Feder
in den Dienst der alten Kirche gestellt und mit einer Zähigkeit
ohnegleichen sich dem neuen Geiste widersetzt hatte. Klar erkennen
wir dabei auch die Gründe für die Erfolglosigkeit seiner Thätigkeit.
Ein Talent, aber kein Charakter — so trat der Kuttenträger in
einen Kampf ein, der als erste Bedingung gerade das forderte,
was ihm fehlte: einen festen Glaubensmut, die reine Flamme
religiöser Begeisterung und untadelige Lauterkeit der Gesinnung.
Und darum fielen alle seine gegen Luther und die deutsche
Reformation gerichteten Schriften platt zu Boden, und es erfüllte
sich an ihm, was ihm der Dichter der „Novella" vorahnend
verkündet hatte.

Anmerkungen.

Vorbemerkung. Die vorliegende Arbeit schließt sich aufs engste an die unter dem Titel: **Thomas Murner und die Kirche des Mittelalters** als dreißigste der Schriften des Vereins für Reformationsgeschichte erschienene Studie an; die Teilung war nur durch den Wunsch des Redaktionsausschusses, den Umfang der einzelnen Hefte möglichst zu beschränken, bedingt worden. Daß ich hier lediglich Murners Stellung zur **deutschen** Reformation berücksichtigt habe, wird wohl keiner Rechtfertigung bedürfen, da ein Gesamtbild seiner antireformatorischen Thätigkeit den Rahmen dieser Schrift erheblich überschritten hätte. Im übrigen verweise ich auf die Vorbemerkung zu jenem früheren Hefte und möchte hier nur noch bezeugen, wie sehr ich für freundliche Hilfe Herrn Professor D. Th. Kolde in Erlangen und meinem Bruder, Herrn Professor D. G. Kawerau in Kiel, verpflichtet bin. Es ist mir ein Bedürfnis, ihnen meinen herzlichen Dank für mannigfache Anregung und Förderung auch an dieser Stelle auszusprechen. Auch wiederhole ich hier den Vorständen der Bibliotheken zu Halle, Hamburg, Kiel und München den ergebensten Dank, den ich ihnen für die mir mit unermüdeter Liebenswürdigkeit gewährte Unterstützung schuldig bin.

1. (S. 1) H. Wedewer, J. Dietenberger. Freiburg 1888. S. 328.

2. (S. 1) „Ist diß vß rrrii tractat einer eilents in brüderlicher liebe fürgewent, dein vnd vnser heil darunder fründtlicher zu betrachten". Der Hinweis auf noch nicht geschriebene Bücher gehörte, wie Lappenberg (Ulenspiegel 391) treffend bemerkt, „zu der dem Murner eigentümlichen vorgreifenden Perspektive in die Zukunft". So hatte er sich gleich in seinen beiden ersten Schriften auf ein größeres Werk wider die Astrologen (Quadripartitum maius) bezogen, das nie gedruckt, vermutlich auch nie geschrieben worden ist.

3. (S. 1.) Durch Petrus Francisci, vgl. Luthers Briefwechsel herausg. von Enders. III, 30. Nach Jung und A. (zuletzt Szamatolski, Eckius dedolatus, Berlin 1891 S. IX f. ist P. Franzisci Pseudonym für Gnidius.)

4. (S. 2.) Zeitschrift für die historische Theologie 1848, S. 598. — Luther hatte kurz zuvor (in der Schrift „Ein vnterricht der beychtkinder vbir die vorpotten bucher. Buittemberg. Im Jar M. D. rri") den Begriff „Schmachbuch" so definiert: „Denn dz heyßet ein schmachbuch, odder famoß libell, wie es auch keyferlich recht selb deuten, darynn mit namen yemant hynn sunderheit geschmecht wirt an seiner ehre, vnd der schreiber seinen

namen nit anzeygt, wil nit zu recht stehen, furcht das liecht, wil doch schaden ym finsterniß than haben, behsiet heymlich wie ein vergiste schlange, als Salomon sagt."

5. (S. 3.) Für die Straßburger Reformationsgeschichte im allgemeinen verweise ich auf A. Jung, Geschichte der Reformation der Kirche in Straßburg I, Straßburg und Leipzig 1830; T. W. Röhrich, Geschichte der Refomation im Elsaß. 1830—1832; J. W. Baum, Capito und Butzer. Elberfeld 1860; A. Baum, Magistrat und Reformation in Straßburg bis 1529. Straßburg 1887 und auf die Politische Korrespondenz der Stadt Straßburg im Zeitalter der Reformation I. hrsg. von H. Virck 1882. Eine populäre, vielfach korrekturbedürftige Darstellung giebt J. Rathgeber, Straßburg im 16. Jahrhundert. Stuttgart 1871. Für die Vorgeschichte der Reformation vgl. hauptsächlich C. Schmidt, Histoire littéraire de l'Alsace I, 1878 und H. Baumgartens Aufsatz „Straßburg vor der Reformation" in der Zeit-schrift „Im Neuen Reich" 1879 Nr. 2.

6. (S. 4.) „Zu dissem 1517 iar an mittwuch noch sontag Cantate, da hett man ein grossen Kreutzgang zu Straßburg von wegen der thürung und sterbet, dan es sehr starb, auch von wegen dem krieg und wilde hendel mit einem edelmann genannt der Frantziscus von Sickingen . . ." In der Imlinschen Familienchronik in Stöbers Alsatia 1873—1874, S. 387. Auch vom Jahre 1516 verzeichnet der Chronist: „das war ein dürrer Sommer, daß es lang vor Johanni nit reget biß uff Bartholomei tag . . . also daß wein und korn ufschlug." Ebda. S. 386.

7. (S. 4.) A. Baum a. a. O. S. 4.

8. (S. 4.) Nachdrücklich hatte beispielsweise der Augustiner Johann Paltz in seiner Coelifodina (1490) gepredigt, daß die Sakramente auch bei dem schlechtesten Lebenswandel der Priester nichts von ihrer Gültigkeit ein-büßten und daß die Kraft der Priesterweihe auch durch das unheiligste Leben der Geweihten nicht gebrochen werde.

9. (S. 5.) Vgl. C. Grüneisen, Niclaus Manuel. Stuttgart 1837. S. 76.

10. (S. 5.) Vgl. K. Goedeke im Archiv für Litteraturgeschichte VII, 157 fg.

11. (S. 5.) Vgl. P. v. Wiskowatoff, Jakob Wimpfeling. Berlin 1867. S. 121.

12. (S. 6.) A. Baum, a .a. O. S. 3.

13. (S. 6.) Aus dem Jahre 1519 weist die Weimarische Luther-Ausgabe Straßburger Nachdrucke von 8 Lutherschen Schriften nach, zu denen noch der Nachdruck der „Theologia deutsch" hinzukommt. Und zwar druckte Johann Knobloch: 1) Die Auslegung der sieben Bußpsalmen (I, 156.); 2) den Sermon von der Betrachtung des heiligen Leidens Christi (II, 133); 3) den Sermon von dem ehelichen Stand (II, 164) und 4) den Sermon von dem Gebet und Prozession in der Kreuzwoche (II, 173). Als Drucke, die nach der Titeleinfassung auf Martin Flach, nach den Typen auf Knobloch hinweisen, verzeichnet Knaake: 5) Unterricht auf etliche Artikel, die ihm von seinen Abgönnern aufgelegt und zugemessen werden (II, 68); 6) Ein Sermon

von dem Sakrament der Buße (II, 711); 7) Ein Sermon von dem Sakrament der Taufe. Martin Flach druckte: 8) Ein Sermon vom hochw. Sakrament des h. wahren Leichnams Christi und von den Brüderschaften (II, 740). Die „deutsche Theologie" druckte wieder Knoblouch, der von Luthers aus dem Jahre 1519 stammenden Traktaten außerdem noch zu Anfang 1520 die kurze Unterweisung, wie man beichten soll (II, 58), nachdruckte.

14. (S. 6.) Vgl. C. Schmidt, Zur Geschichte der ältesten Bibliotheken und der ersten Buchdrucker zu Straßburg. Straßburg 1882, S. 88 und Archiv für Geschichte des deutschen Buchhandels V, 24 fg.

15. (S. 7.) Die Ausfertigung des Edikts erfolgte am 26. Mai, aber erst am 30. September wurde den Buchdruckern verboten, lutherische Bücher zu drucken. Gerbel an Butzer, 30. Sept. 1521: „Hoc etenim die quo haec scribimus Caesareum mandatum bibliopolis indicitur." Ein neues Mandat gegen Pasquille und Lästerschriften erließ der Rat nach dem Nürnberger Reichstage am 12. September 1524. Es ist abgedruckt bei Heitz, das Zunft=wesen in Straßburg. Straßburg 1856, S. 173—179.

16. (S. 7.) Vgl. C. Schmidt, Histoire II, 241.

17. (S. 7.) Vgl. K. Hagen, Deutschlands religiöse und litterarische Verhältnisse im Reformationszeitalter II, 159.

18. (S. 7.) Joh. Reinhard aus Grüningen, vgl. A. D. Biogr. X, 53 fg. und C. Schmidt, Zur Geschichte der ältesten Bibliotheken S. 115. — Man vergl. auch den Brief Johann Ecks an Herzog Wilhelm („Sie drucken in den Reichsstädten nichts wider den Luther, es nehme denn einer eine Anzahl Bücher") bei Th. Wiedemann, Dr. Johann Eck. Regensburg 1865. S. 655.

19. (S. 7.) Vgl. Th. Kolbe, Martin Luther I, 248.

20. (S. 9.) Weimar. Luth. Ausg. II, 69—73. Vgl. dazu Köstlin, Luther² I, 243 fg. und Kolbe, I, 188.

21. (S. 9.) Man beachte beispielsweise die folgende Stelle in der „Christlichen und brüderlichen Ermahnung" Bl. Cij: „Ich hab auch mich nie mit schreiben, predigen, reden offenlich oder heimlich in schulen oder daruß wider dich wöllen bewegen in hoffnung, deine leeren dienten zu einem fruchtbaren vnd zu einem cristenlichen end."

22. (S. 11.) Erl. Ausg. 27, 139 fg.

23. (S. 11.) Kolbe, Luther I, 265.

24. (S. 12.) Ebda. S. 270.

25. (S. 12.) Christliche und brüderliche Ermahnung Bl. Jij.

26. (S. 12.) Ganz ähnlich führt Cochläus gegen Luther aus: „Du kannst je kein Geschrift ufbringen, daß da (in der Meße) nicht recht geschehe, so haben wir für unser Meßhalten solch alt Herkummen und das in täglichem Bruch uber tusend Jahr, durch die ganze Christenheit us, daß uns das Recht der löblichen Gewohnheit allein gnugsam wär, deine uppigen Tröm nieder zu werfen." Vgl. Otto, Joh. Cochläus, Breslau 1874. S. 119.

27. (S. 13.) Der Titel der von mir benützten zweiten Ausgabe lautet: „Ein christliche || vnd brüderli= || che ermanung zu dem hoch || gelertē doctor

7*

Martino lu ‖ ter Augustiner orde zu Wit ‖ temburg (Dz er ettliche re ‖ den
von dem newe testa ‖ met der heiligē messen ‖ gethö) abstande, vn ‖ wid' mit
gemeiner ‖ christenheit sich ‖ vereinige. ‖ Zu de andren mal vber se= ‖ hen
vnd in seinen waren ‖ brunnen ersetzet." — Am Schluß: „Datum in dem
iar nach d' ‖ geburt Christi vnsers herren. Tautsent ‖ C C C C C. vn̄ xxi.
Vff sant Ang ‖ nesen tag getruckt, mit Keiser ‖ licher mayestat Priuillegi ‖ en,
das bei pen in eine ‖ iar nieman nach ‖ trucken sol. etc. † Censores. 9. Bll.
in 4⁰, letzte Seite leer. Titeleinfassung [München, Polem. 2148ʰ].

28. (S. 13.) Die Vorrede ist abgedruckt bei Enders II, 514 fg. Vgl.
auch G. E. Waldau, Nachrichten von Thomas Murners Leben und Schriften.
Nürnberg 1775, S. 78—83.

29. (S. 13.) Ganz ähnlich versichert er später (Bl. C), er schreibe
wider ihn erstlich, „das ich dir von hertzen günstig als meinem bruder, von
irrungen ettlicher deinen leren von zukünfftiger straff bewaren vnd abziehen
begere, vff das du wider kemest in vereinigung der cristglöbigen vnd also
versönet mit frucht lang die armen cristen leren möchtest."

30. (S. 15.) Christl. und brüderl. Ermahnung Bl. Jiiij.

31. (S. 21.) Erl. Ausgabe 27, 108.

32. (S. 22.) Von dem bab= ‖ stentum das ‖ ist von der höchsten ober
tevt Christlichs glau= ‖ ben wyder doctor ‖ Martinn Luther. ‖ — Am Schluß:
Datu in d'löblichen stat Straß ‖ burg in dem iar nach der geburt christi
vnsers ‖ herren M. D. xx. vff sant Lucien vn ‖ Otilien tag von Johanne
griem ‖ ger getruckt mit Keiserlicher magestet priuilegie, dz ‖ diß biechlin by
pen des ‖ orginals niema nach ‖ sol trucke in ci= ‖ nem iar ete ‖ 9. Bll. in 4⁰
letzte Seite leer, mit Titeleinfassung. [München, Polem. 2148ᵍ] — Das
unmittelbar zuvor erschienene Schriftchen: „Von Doctor M. luters leren vnd
predigen. Das sie argwenig seint vnd nit gentzlich glaubwirdig zu halten"
wendet sich gegen Lazarus Spenglers „Schutzrede" und bietet sachlich nichts
als eine Wiederholung der in der „Ermahnung" entwickelten Gedanken, so
daß wir hier nicht näher darauf einzugehen brauchen.

33. (S. 26.) Die katholische Kirche unterscheidet bei jedem Priester die
potestas ordinis und die potestas jurisdictionis: erstere ist die Vollmacht
die Sakramente zu verwalten; letztere ist sein Regieramt, wie er es
kraft des Schlüsselamtes ausübt. Nun bestand der Streit zwischen Epi=
skopalisten und Kurialisten, ob der Papst nur den suprematus ordinis
oder auch den suprematus jurisdictionis besitze. Im letzteren Falle ist die
ganze Kirche seine Herde, die er regiert; die Bischöfe bezw. Pastoren sind
nur seine Delegaten; er ist pastor universalis. Nach episkopalistischer
Lehre dagegen besitzt jeder Bischof über seine Diözese unmittelbar von Gott
die potestas jurisdictionis, ist in seiner Diözese dem Papst gegenüber
autonom, über ihm steht nur die universalis Ecclesia, das Konzil. Der
Papst besitzt dagegen den suprematus ordinis, indem ihm als oberstem
Geistlichen zu den Funktionen jedes Bischofs nur noch eine cura universalis
ecclesiae gehört, d. h. gewisse auf das Ganze bezügliche Aufsichtsfunktionen,

aber nie ein Eingriff in die Jurisdiktion andrer Bischöfe. Vgl. Köllner, Symbolik II, 430 f. Murner ist strammer Kurialist, indem er dem Petrus den suprematus jurisdictionis zuerkennt; nach ihm ist der Papst pastoz universalis, alsosind alle Bischöfe nurdelegati sedis apostolicae.

34. (S. 29.) An den Cri ‖ stlichen adel deüt ‖ scher Nation: von ‖ des Christlichen ‖ stands besserüg ‖ D Martinus ‖ Luther. ‖ Buittenberg. ‖ Titeleinfassung 46 Bl. 4°, letztes Blatt leer. Am Ende: Durch ihn selbs gemeret vnd korrigiert. — Druck von Renatus Beck, dessen Monogramm unten in einem Schilde steht. Vgl. Weim. Luth. Ausg. VI, 399 Nr. F. Auch der ebendas. unter Nr. G. verzeichnete Nachdruck rührt nach Knaake vermutlich aus Straßburg her.

35. (S. 30.) An den Groß= ‖ mechtigsten vü ‖ Durchlüchtigstē adel tüt ‖ scher nation das sye den ‖ christlichen glauben be= ‖ schirmen, wyder den ‖ zerstörer des glaubes ‖ christi, Martinu ‖ luther einē v'sie ‖ rer der einsel ‖ tigē christē. — Am Schluß: Censores. ‖ Getruckt von Johanne Grieninger in dem iar Tausent. C C C C C Vnd ‖ rr. Vss dē Cristabent mit Kei= ‖ serlichem Priuilegin, in ein ‖ em iar niemans nach ‖ trucken sol. 10 Bogen in 4°, letztes Blatt leer, mit Titeleinfassung. [Hamburgische Stadtbibliothek.]

36. (S. 30.) Enders III, 30 fg.

37. (S. 30.) „Ancora è dato fuora un libro in alemanno contra Luther ad nobilitatem Germaniae, che se dice esser assai bea fatto". Vgl. P. Kalkoff, die Depeschen des Nuntius Aleander. Halle 1886. S. 51. Daß mit jener Aeußerung die Schrift Murners und nicht, wie Kalkoff meint, diejenige Emsers gemeint ist, hat schon Enders a. a. O. III, 26 nachgewiesen.

38. (S. 30.) „Des heilgen Concilij zu Costentz, der heylgen Christenheit, vnd hochlöblichen keyßers Sigmunds, vn auch des Teutzschen Adels entschüldigung". Unterzeichnet: „An Sant Michaelstag M. D. rr". Vgl. Th. Wiedemann, Dr. Johann Eck, Regensburg 1865 S. 517 und Weimar. Luth. Ausg. VI, 402.

39. (S. 30.) „Wider das vnchristenliche buch Martini Luters Augustiners, an den Tewtschen Adel außgangen Vorlegung Hieronymi Emser. An gemeyne Hochlobliche Teutsche Nation". — Am Schluß: „Vollendet zu Leyptzk am tag Fabiani vn Sebastiani Martyru. . . M. D. rri. Vgl. L. Enders, Luther und Emser I, Halle 1889.

40. (S. 31.) Die „Vorred zu Doctor Martino Luther" ist abgedruckt bei Enders III, 27 fg.

41. (S. 32.) Luthers Schrift „an den christenlichen Adel" citiere ich nach der Ausgabe von Benrath, Halle 1884.

42. (S. 32.) Benrath, S. 9.

43. (S. 32.) Darüber spottet der Verfasser des „Karsthans", indem er zugleich die Lehre von der ecclesia als corpus Christi ausführlich auseinandersetzt. „Lieber Murner" — fügt er hinzu — „nim dich selb an disem ort bei der nasen. . . Meinst das ich nit recht hab, besehe dein

biechlin vnd doctor Luthers biechlin, fo ir beid dem abel zugeschriben hand, vnd leg die Epistolas petri dar zwischen für ein richter, wirt dir ein sentenß, des du dich billich vor biberlüten schamen müst, das du dem guten man Luthero sein eer vnd christenlichen limben vor aller welt abstilest wider got vnd die warheit. . ." Böding, opp. Hutteni IV, 644.

44. (S. 33.) Benrath, S. 7.
45. (S. 33.) Benrath, S. 12.
46. (S. 34.) Benrath, S. 17.
47. (S. 37.) Fast gleichzeitig mit Murners Schrift an den Abel druckte Grüninger ein Schriftchen des längere Zeit in Deutschland wohnhaften italienischen Dichters Joh. Antonius Modestus: Joiannis Antonii Modesti oratio ad Carolum Caesarem contra Martinum Luterum. 18 Bll. in 4. Am Schluß: Excussum Argentine in Die Apoloniae Anno Domini M. D. XXI. Die X. mensis februarij. Auch hier begegnen wir ganz ähnlichen Klagen über Luthers Verhalten dem h. Vater gegenüber und wegen der Heftigkeit und Lieblosigkeit, mit der er seine Gegner behandle. Auch hier, wie bei Murner, die Behauptung, daß Luther ein Reichsfeind sei: nam qui Pontifici adversatur, Caesari quoque adversatur, und auch hier die Versicherung, daß der Verfasser keinen Haß gegen Luther im Herzen trage, sondern nur um der Wahrheit willen so rede. — Daß diesem Modestus der von Enders, Luthers Briefwechsel III, 38 fg. veröffentlichte, J A M unterschriebene Brief an Luther zuzuweisen ist, ist von G. Kawerau, Studien und Kritiken 1890, S. 390 fg. überzeugend nachgewiesen worden.

48. (S. 37.) „Von der Babylonischen gefengk || nuß der Kirchen, doctor Martin Luthers". — Darunter Luthers Bildnis. 72 Bl. in 4º. Druck von Johann Prüß in Straßburg. Vgl. Weim. Luth. Ausg. VI, 490 fg.

49. (S. 37.) Bl. Aiiij. Vgl. auch Waldau, a. a. O. S. 96,

50. (S. 38.) Bl. Cij. Vgl. dazu Weim. Luth. Ausg. VI, 488.

51. (S. 38.) Politische Korrespondenz der Stadt Straßburg I, 45 Nr. 79.

52. (S. 39.) Die Bibliographie bei Knaake, drei Reformationsschriften aus dem Jahre 1520 von Martin Luther. Halle 1879, S. IX fg. Vgl. ferner Kolbe, M. Luther I, 289.

53. (S. 39.) Wie doctor. M. || Luter vß falsch || en vrsachen bewegt Dz || geistlich recht ver || brennet hat. — Titeleinfassung. 5 Bl. in 4º. Am Schluß: Getruckt zu straßburg durch Joanne Grienniger || in dem iar. M. D. xxi. vff den mondag innocauit. [München. Polem. 2148 i].

54. (S. 41.) Enders III, 4.

55. (S. 41.) Enders, III, 30 fg.

56. (S. 41.) „Murnarus ab omnibus Argentorati despicitur, ridetur, exsibilatur".

57. (S. 42.) Vgl. auch Scheurls Briefbuch II, 126.

58. (S. 42.) „Murnerum contemno". Enders III, 76.

59. (S. 42.) „Cogor homini (Emſer) respondere solum ob mendacia impurissima. Murnero nondum possum: et qui omnibus possem?" Enders III, 57.

60. (S. 42.) „Auf das überchriſtliche, übergeiſtliche und überkünſtliche Buch Bocks Emſers zu Leipzig Antwort". Erl. Ausg. 27, 221 fg.

61. (S. 42.) Dazu bemerkt M. Stiefel „wider doctor Murnars falſch erdycht Lyeb" Bl. Biij: „Der Luther hat dich noch nit gekennt, do er ſchrib, du lugeſt nit als vil als b'emſer".

62. (S. 43.) Chriſtliche und brüderliche Ermahnung Bl. H: „Du be= ſchreibeſt dir eben ein meß vnd ein kirchen, wie im Plato ſelbſt ein ſtat beſchrieb vnd ein eben bild formiert wie ein iede ſtat ſein ſolt".

63. (S. 44.) Erl. Ausg. 27, 108. Vgl. auch „An den chriſtlichen Adel" bei Benrath S. 13.

64. (S. 44.) Erl. Ausg. 27, 288 fg.

65. (S. 46.) Defensio Christianorum ‖ de Cruce. id est, ‖ Lutherano | rum ‖ Cum pia admonitione F. Thomae Murnar, lutheromastigis, ‖ ordinis Minorum, quo sibi temperet a connicijs et stultis ‖ impugnationibus Martini Lutheri. ‖ Matthaei Gnidij Augusten. ‖ Epistolae item aliquot. Ad eruditos. ‖ Ad Martinum Lutherum. ‖ Ad strenuissimum equitem Germ. Vlrichum Huttenu. ‖ Ad populum Germaniae. — Am Schluß: Augustae Idibus Decembris Anno a Christi natalitio M D XX. 3 Bll. die beiden letzten Seiten leer. 4⁰ [München, II. ref. 800, 26] Vgl. auch Röhrich, a. a. O. S. 597.

66. (S. 46.) Murnarus Leniathan ‖ Vulgo dictus Geltnar, oder ‖ Genß= Prediger. ‖ Murnarus, qui & Schönhenselin, ‖ oder Schmutzkolb, de ‖ ſe ipſo. ‖ Si nugae & fastus, faciunt quem relligiosum, ‖ Sum bonus, & magnus, relligiosus ego. ‖ Raphaelis Musaei in gratiam Marti ‖ ni Lutheri. ‖ & Hutteni, pro- ‖ pugnatorum Chri ‖ stianae & Germa ‖ nicae libertatis ‖ ad Osores Epistolae. 4 Bll. in 4⁰, letzte Seite leer. Auf der Rückſeite des Titelblattes ein Holzſchnitt, der Murner in Drachengeſtalt mit der Kutte darſtellt; dasſelbe Bild nochmals Bl. Dij b, darüber Luther mit der Bibel. Außerdem drei kleinere Holzſchnitte. [München, L. eleg. m. 252 (19)] Vgl. auch Lappenberg, Murners Ulenſpiegel. Leipzig 1854. S. 412 fg.

67. (S. 48.) O. Schabe, Satiren III, 221.

68. (S. 48.) „Hiſtory von den fier ketzren Predigerordens" bei Böcking, opp. Hutteni, Suppl. II, 313.

69. (S. 48.) Argument diſes biechleins. ‖ Symon Heſſus zeigt an Doctori Martino Lu ‖ ther vrſach, warumb die Lutheriſche biecher vō den Colo nienſern vū Louanienſern verbrent worden ſein, dañ ‖ Martinus hat das begehrt iñ einem biechlein, dar ‖ iñ er vrſach ſagt mit rrr. articklen im geiſt= ‖ liche Recht begriffen, warumb er dem ‖ Bapſt ſeine Recht zu Witten= berg verbrennt hatt. ‖ Auch eyn newer zuſatz inn ‖ etlichen artickeln be=

griffen. || Frag vnd antwort Symonis Heſſi, || vnd Martini Lutheri, newlich
mit= || einander zu Worms gehal= || ten, mit vnlieplich || zulesen. || Ohne Vorb.
Titelrückſeite leer. 30 Bl. 4° letzte Seite leer. Briefende Bl. Fᵃ: Datum zu
Zeringen im Bryßgaw, am vj tag des Januarij iñ XXj. || Die „Frag und
Antwort" iſt abgedruckt bei Böcking IV, 601—614.

70. (S. 48.) Vgl. G. Uhlhorn, Urbanus Rhegius. Elberfeld 1816.
S. 30 fg. Enders, Luthers Briefwechsel III, 68 fg. beſtreitet die Verfaſſerſchaft
des Rhegius, doch ſcheinen mir die von Uhlhorn entwickelten inneren und
äußeren Gründe für jene Annahme überzeugend zu ſein. Vgl. auch Studien
und Kritiken 1890, S. 391 fg.

71. (S. 49.) Dieſer Bericht iſt auch abgedruckt im Weimariſchen
Jahrbuch VI, (1857) S. 216 fg. Vgl. meine Schrift Th. Murner und die
Kirche des Mittelalters. Halle 1890. S. 20 fg.

72. (S. 49.) Abgedruckt bei Böcking, opp. Hutteni IV, 615—647.
Ein nachläſſiger Abdruck in Scheibles Kloster X, 219—240. Vgl. auch
A. Baur, Deutſchland in den Jahren 1517—1525. Ulm 1872. S. 73 fg.
Ueber Karſthans vgl. Grimms Wörterbuch 5, Sp. 232. Nach dieſer Quelle
iſt die Bezeichnung noch heute ein Spitzname der elſäſſiſchen Bauern.

73. (S. 49.) Aehnlich Lazarus Spengler in ſeiner Schrift: „Die
Hauptartikel, durch welche gemeine Chriſtenheit bisher verführt worden iſt"
(1522): „Denn wer weiß das nicht, daß ein Mönch mag ein Kappen und
Platten tragen und daneben ein Bub in der Haut ſein?" Vgl. Preſſel,
L. Spengler. Elberfeld 1862, S. 49. Auch Hans Sachs gebraucht in ſeinem
weiten Dialog die gleiche Wendung.

74. (S. 50.) Sitzungsberichte der Akad. d. W. zu München, philoſ.
philol. hiſt. Kl. 1871. S. 277 fg. Vgl. auch C. Schmidt, Histoire II, 241

75. (S. 50.) „Proteſtation. D. Thome Murner, das er wider Doc.
Mar. Luther nicht vnrechts gehandlet hab". Am Schluß: „Geben zu Straßburg
vff den achten tag des mertzen, in dem iar Chriſti Jheſu vnſers herren.
M. D. XXI." Abgedr. in der Zeitſchrift für die hiſtoriſche Theologie 1848.
S. 598—602.

76. (S. 51.) Vgl. A. Jung. a. a. O. I, 69.

77. (S. 53.) Ebenſo heißt es im erſten Kapitel des „Großen lutheriſchen
Narren": „Man ſolches alſo gewonheit wer | Were niemans ſicher ſeiner eer".

78. (S. 53.) „Ain ſchöner Dialogus vnnd geſprech zwiſchen eine Pfarrer
vnd ein Schultheyß, betreffend allen übel Stand der geiſtlichen Vnnd böß
handlung der weltlichen. || Alles mit gehtzigkeit beladen", bei O. Schade
Satiren, II, 152 fg.

79. (S. 53.) „Ain Kurtzi anred zu allen mhsgünſtigen Doctor Luthers
vn der Chriſtenlichen freyheit", bei O. Schade, Satiren II, 190 fg. Vgl.
G. Kawerau, Johann Agricola. Berlin 1881. S. 23 fg. und A. Baur,
Deutſchland S. 66 fg. Eine Ausgabe der Schrift beſorgte der Ulmer Humaniſt
Wolfgang Rychardus. Dieſer ſchreibt im Dezember 1522 an Mechobachus
(Schelhorn, Amoenitates literariae I, 297): „Venit ad nos Eckius, Murnarus

et reliqui Luthero zoili in bestias picti, quos ego mihi denuo depingi curavi".

80. (S. 54.) „An den ftier zu Buiet ‖ tenberg. ‖ IERONYMVS EMSER [Wappen] 1 Bogen o. O. u. J. Luther — fo fchreibt Emfer hier — entbiete ihm im Eingange feines Sendfchreibens feinen Gruß, aber zwifchen diefem und dem Judasküffe fei wenig Unterfchied. „Das Evangelium fpricht: wer zu feinem Bruder fagt: Du Narr, der ift des höllifchen Feuers fchuldig. Du aber heißeft mich nicht allein einen Narren, fondern auch einen Efel, wiewohl ich nicht Ohren danach habe, daß ich einem Efel gleich fehe". Er fchreibe wider ihn, nicht um feines Scheltens und Läfterns willen, fondern weil ihn das fromme chriftliche Volk erbarme, das durch Luther fo jämmerlich verführt und entzweit werde. Luthers „hochtrabender Geift" wolle freilich niemanden hören, als fich felber, weshalb es auch nicht der Geift des Herrn fein könne, da nach dem Worte des Propheten der Geift des Herrn über niemandem fchwebe, denn über den Demütigen und Friedfertigen. Daß er (Emfer) gegen Luthers Perfon keinen Neid oder Haß hege, verfichere er an Eides Statt und ftelle das unter das ftrenge Gericht Gottes. Nur wider fein vermeffnes Vornehmen gegen die heilige chriftliche Kirche fei er aufgetreten und habe ihn nun fchon zu dreien Malen brüderlich gewarnt und um Gottes willen gebeten, das arme Volk mit feiner falfchen Lehre zu verfchonen. Denn Luther gehe den Holzweg und wolle uns Deutfchen die längft verdammte Ketzerei des Hus wieder beibringen und ein erlofchenes Feuer aus der Afche wieder aufglühen machen. „Darumb fo radt ich dyr auß Chriftenlicher lieb du traw, du fteheft von dißer thorheit ab, vnd haft du biß her vmb Rhomes, neydes oder ander vrfach halbenn . . . mit dem glauben genarret, daffelbig widerruffeft, fo wollen wir tzwen noch gute vetter werden. . ."

81. (S. 54.) Enders III. 164.

82. (S. 55.) Ueber ihn vgl. G. Kawerau in Herzogs Real. Encykl. XIV, 702 fg. und Th. Kolde, die deutfche Auguftiner-Kongregation und J. v. Staupitz. Gotha 1879. S. 380 fg.

83. (S. 55.) Bruder Michael ‖ Styfel Auguftiner von ‖ Efßlingen ‖ Von der Chriftfermigen, rechge ‖ gründten leer Doctoris Martini Luthers, ain überauß fchön kunftlich Lied, fampt ‖ feyner neben außlegung. ‖ In bruder Beyten ‖ Thon. ‖ Holzfchnitt] ‖ Liß mich mit fleyß, ‖ Der wort nymm acht. Gotts gnad ich preyß, ‖ Der werck nitt acht. ‖ Entfchleuß kurtzlich, ‖ Chriftlichen ftandt. ‖ Hye ligt die kugel ‖ an der wandt. ‖ 6 Bll. in 4º [München, Asc. 1073ª] Das Lied auch bei Wackernagel, Kirchenlied III, 74—79.

84. (S. 55.) Abgedruckt in Uhlands Volksliedern II, 906—917. Vgl. auch Janffen, Gefchichte des teutfchen Volkes II, 125 fg.

85. (S. 57.) Abgedruckt in Scheibles Klofter VIII, 671—674.

86. (S. 58.) „wider Doctor Murnars ‖ falfch erdycht Lyed: von ‖ dem vndergang Chriftlichs ‖ glaubens. ‖ Bruoder Michael Styfels ‖ von Efßlingen vßleg vnnd ‖ Chriftliche gloß ‖ darüber. ‖ Ach du armer Murnar was haftu

gethon, ‖ Das du also blind in der heylgen schrifft bist gon? ‖ Dest must
du in der kutten lyden pein ‖ Aller glerten MURR,NARR must du fein. ‖ Ohe
ho lieber Murnar. ‖ 7 Bll. in 4°, letzte Seite leer. [München, Polem. 3341]

87. (S. 60.) Antwurt vnd flag mit entschuldigung wider bruber
Mich. Styfel. o. O. u. J. (1522) in 4° [Brit. Museum.]

88. (S. 60.) Antwort Michel Styfels ‖ vff doctor Thoman Murnars
murnarrische ‖ phantasey, ‖ so er wider yn erdichtet hat. ‖ Mit einer kurtzen
beschrei= ‖ bung des waren vnd einigen ‖ glaubens Christi. ‖ Darzu von
Keyserlicher ‖ oberkeit welcher alle Christen, geistlich ‖ oder weltlich gen ent
zugehorsa ‖ men pflichtig seyen. ‖ Am Schluß: „Geben zu Wittenburg ‖ Anno
M. D. xxiij." 3 Bll. in 4°, letzte Seite leer. [München Polem. 2873].

89. (S. 61.) Vgl. Th. Kolbe, M. Luther II, 60 fg.

90. (S. 62.) Vgl. Goedeke, Grundriß II² 218.

91. (S. 62.) Ob der Künig ‖ vß engelland ‖ ein lügner sey oder ‖ der
Luther. [Darunter das englische Wappen.] Am Schluß: . . . vollendet
vff sant Martins Abent, in dem ‖ iar nach d'geburt Christi vnsers lie ‖ ben
herren Tausend fünfhund't zwei vnd zwentzig. ‖ [Hamburgische Stadt=
bibliothek.] . Ein mangelhafter Abdruck bei Scheible IV, 893—982.

92. (S. 64.) „Antwort dem Murnar vff seine frag, Ob der künig von
Engelant ein lügner sey, oder der götlich doctor Martinus Luter". Am
Schluß: Datum Ex Mithilena insula Anno XXiij bei Scheible X, 241—300.

93. (S. 64.) A. Jung, a. a. O. I, 260 erwähnt aus den Ratsprotokollen
eine Verhandlung vom 19. Januar 1523 wider Murner, Stephan Dieter und
einige andere Priester, die beschuldigt waren, aufrührerische Reden zu führen.
Es wurde ihnen befohlen, sich zu mäßigen, da sonst die Obrigkeit ernstliche
Maßregeln gegen sie ergreifen müßte.

94. (S. 65.) Datiert Esthamstede (Easthampstead, ein königliches
Jagdschloß im westlichen Teil von Windsor forest) 26. August 1523. Das
Schreiben ist abgedruckt bei Lappenberg, Ulenspiegel, S. 424 fg.

95. (S. 65.) Dieser war im Sommer 1525 in England. Vgl. Wiede=
mann, Eck, S. 41.

96. (S. 65.) Datiert aus der kgl. Residenz Olyng, 11. September 1523.
Gedruckt bei Jak. Wenker, Coll. arch. 1715. S. 144 und bei Waldau,
a. a. O. S. 22.

97. (S. 67.) Herausgegeben von H. Kurz. Zürich 1848; auch bei
Scheible X, 1—200.

98. (S. 70.) Vgl. B. Riggenbach, Johann Eberlin von Günzburg
und sein Reformprogramm. Tübingen 1874. une M. Radlkofer, Joh.
Eberlin von Günzburg. Nördlingen 1887.

99. (S. 71.) Das Sprichwort gebraucht auch Luther im Widmungs=
schreiben seiner Schrift an den Adel: „Ich muß das sprichwort erfullenn,
Was die welt zuschaffenn hat, da muß ein munch bey sein, vnd sol man
yhn datzu malen". Aehnlich Joachim Greff in der „Andria": „Man
spricht, Es ist kein spiel so klein | Es mus ein Münch aber narr drin sein".

Und im Prolog zum „Mundus": „Wir bringen auch ein Mönnich mit | Ja wo ist der im spiel nicht? | Jr wißt es ist kein spiel so klein | Es wil ein alt weib oder Münnich drin sein". Vgl. Scherer, Deutsche Studien 3, 199.

100. (S. 73.) Vgl. die wörtlich aus dem „Pfaffen von Kalenberg" entlehnte Stelle in der „Narrenbeschwörung" 5, 191 fg.

101. (S. 79) Vgl. Th. Kolde, Luther II, 196 fg.

102. (S. 80.) Vgl. C. Schmidt, Zur Geschichte der ältesten Bibliotheken S. 115 und desselben Histoire littéraire II. 245.

103. (S. 81.) Abgedruckt bei K. Goedeke, Pamphilus Gengenbach. Hannover 1856. S. 262—291.

104. (S. 81.) „Triumphus veritatis. Sieg der Warheyt. Mit dem schwert des geysts durch die Wittenbergüsche Nachtgall erobert", bei O. Schade, Satiren II, 196—251. Der Verfasser nennt sich Hans Heinrich Freiermut.

105. (S. 81.) Ebdas. III, 112—135.

106. (S. 82.) An einer andern Stelle heißt es: „Man weiß wol wer der Murnar ist: | So bald sein seckel gelts gebrist, | Gar schnel er sich be=sunnen het, | Verriet dich, herr, wie Judas thet". — Im Jahre 1526 antwortete Murner in einem Schreiben an den Straßburger Rat auf die Anschuldigung, daß er Geld genommen habe, „das heilige Evangelium zu widerfechten": „Auch nit war. Es habent mich wol kunig, fürsten und herren kuniglich und reichlich begabet und mit nammen der großmechtig kunig uß Engelandt Heinrich der achtste. . ." Strobel, Beiträge S. 85.

107. (S. 84.) Vgl. A. Baum, Magistrat und Reformation S. 96 und Th. Kolde, M. Luther II, 160. Ueber die Stellung der Straßburger zur Kindertaufe und Taufliturgie vgl. G. Kawerau in der Zeitschrift für kirchliche Wissenschaft 1889 S. 635 fg.

108. (S. 85.) Vgl. über diese Vorgänge: A. Baum, a. a. O. S. 102 fg. und A. Jung, a. a. O. S. 263 fg.

109. (S. 86.) Vgl. Röhrich, a. a. O. S. 606.

110. (S. 86.) Vgl. A. Baum, a. a. O. S. 104.

111. (S. 86.) „Uff suntag Letare haben die barfüssermünch zu Straß=burg ire kutten ungethan und langen pfaffenröck angethan und ir har lassen wagen und parett uff getragen wie weltliche priester, auch grosse kapten über die axel wie die magister tragen und im Cor gannz weiß uber den schwartzen rock und die kapten uber die axel angetragen und haben daß alein gethon, die convent kinder sein gewessen zu Straßburgk. Uff zinstag mittwuch nach Judica haben meine Herren einer statt Straßburg alles inventiren, daß in dem closter zu barfüssern ist gewessen, zins, gelt, kleinotten, mith ußge=nummen, biß uff weider beschwerdt". In der Imlinschen Familienchronik in Stöbers Alsatia 1873—1874 S. 397.

112. (S. 86.) A. Baum, a. a. O. S. 205.

113. (S. 86.) „Murnarus habitum cum suis mutavit gressus cum omnibus monasterium, factus ut aliqui dicunt, Canonicus regularis vel studentium ordinis in Collegio, sed manet tamen Murnarr, ut fuit".

Luthers Briefe ed de Wette II, 528. Aehnlich schrieb später M a t t h i a s 3 e l l
an Peter Butz (2. Juni 1530): „es fint sine alten stück, bo er lang in
uferwachsen ist, unb so mans lang mit im macht, so blibt er boch ein
Mürnar". Pol. Korresp. b. Stabt Straßburg I, No. 729. Ueber Briesmann
vgl. Herzogs Real. Encycl. II, 628fg.

114. (S. 86.) „dat. fritag in ber osterwochen ben ersten aprilis a. 24."
Politische Korrespondenz der Stabt Straßburg I, Nr. 167: „nochbem aber
boctor Thomas Murnar abgeritten uf ben osterzinstag jungst verschinen
[29. März] unb sich vernemen lossen, etwas bi bem babstlichen legaten,
bem carbinal jetzo zu Nurmberg, zu hanbeln unb von sin unb ber beben
closter wegen uszupringen; unb bo wir nit gruntlich wissen, was bas sig,
sunber sorg tragen, bas er billicht sin unb siner mitbruber nuwerungen
halb etwas ursachen furwenben wurt, also bas sie burch unsere burger ober
inwoner mit gespet, anreizungen ober anberm bewegungen barzu pracht
waren, barus ban ein unglimpf uf uns unb gemeine stat (unbeschulbt) er=
wachsen mocht, bemselbigen vorzusein, so ist an uch unser sruntlich ansinnen,
ir wollt, so vil moglich, uch eins solchen erfaren unb wo etwas an ber sach,
uns bi bem carbinal ober bem bischof zu Brixen ober bem Vernlano zum
besten versprechen unb verantworten, bamit wir nit also zu ruck unb unver=
bient ingetragen werben".

115. (S. 87.) I. Sleidani de statu religionis etc. Commentarii ed.
am Enbe Frankfurt 1785 I, 238 fg. unb S o b e n, Beiträge zur Geschichte
ber Reformation. Nürnberg 1855 S. 176.

116. (S. 87.) Vgl. Fr. R o t h, bie Einführung der Reformation in
Nürnberg. Würzburg 1885, S. 142 fg.

117. (S. 87.) Vgl. Th. K o l b e, M. Luther II, 97 unb C. Otto, Joh.
Cochläus, S. 138.

118. (S. 87.) F ö r s t e m a n n, Neues Urkunbenbuch I, Hamburg 1842,
S. 184.

119. (S. 88.) R ö h r i c h, a. a. O. S. 606.

120. (S. 88.) S t r o b e l, Beiträge, S. 87.

121. (S. 88.) Verwarnung, Der biener || bes worts, vnb ber Brüder
zu || Straßburg, An bie Brüder || von Lanben vnb Stet= || ten, gemahner
Eyb || gnoschafft. || Wiber bie Gotslesterige || Disputation bruber Con= || rabts
Augustiner Or= || bens Prouincial. || M. D. xxiiij. || Am Schluß ber Vorrebe:
„Geben Straßburg zum Stainburck, am ersten tag Apillis (sic) Anno Domini
M. D. xxiiij".

122. (S. 89.) A. B a u m, a. a. O. S. 148.

123. (S. 89.) Gerbelius Schwebellio Cent. Epp. S. 66. Vgl. über
biese Vorgänge: J. W. B a u m, Capito unb Butzer, S. 264 fg.

124. (S. 89.) De Coena Dominica ad objecta, quae contra veritatem
Evangelicam Murnerus partim ipse finxit, partim ex Roffensi et aliis
pietatis hostibus sublegit. Responsio Martini Buceri. 1524.

125. (S. 90.) „Datum zu Oberehenheim uff sant Michahelis obent 1524". Vgl. zum Folgenden: Strobel, Beiträge S. 67 fg.

126. (S. 92.) Klosterherren-Protokoll: „uff Freitag nach vincula Petri 1524", bei Röhrich, a. a. O. S. 609.

127. (S. 92.) Ex Oberehenheim f. 6. post conversionis pauli 1525.

128. (S. 92.) „altera conversionis Pauli 1525".

129. (S. 92.) Vgl. die Schilderung in der Imlinschen Chronik in Stöbers Alsatia 1873—1874. S. 403 fg.

130. (S. 92.) Gyß, Histoire de la ville d'Obernay. Straßburg 1866 I, 471.

131. (S. 92.) Vgl. Schiffmann im Geschichtsfreund. Einsiedeln XXVII, 231 und Hibler im Archiv für Schweiz. Geschichte X, 272 fg.

132. (S. 93.) „Datum uff Montag nach Jacobi und Ph. anno 1526".

133. (S. 93.) „geben zu Lutzern uff ziftag vor Johannis Baptiste. Anno 1526".

134. (S. 94.) „Datum uff oben der hymmelfart Marie anno 1526".

135. (S. 94.) Protokoll der Klosterherren, Montag nach Laurentii 1526, bei Röhrich, a. a. O. 610.

136. (S. 95.) Herausgegeben von E. Götzinger, Schaffhausen 1865; auch abgedruckt bei Scheible X, 201—215. Vgl. dazu S. Vögelin im Jahrbuch für Schweiz. Geschichte VII. 200 fg.

137. (S. 96.) Vgl. den Stoßseufzer Janssens, Geschichte des deutschen Volkes II, 130. In den wider Luther gerichteten Satiren spielt Murner bei weitem nicht die hervorragende Rolle, wie in den aus dem evangelischen Lager stammenden Flugschriften. Erwähnt sei wenigstens das „Bockspiel Martini Luthers: Darinnen fast alle Stände der Menschen begriffen, Vnd wie sich ein yeder beklaget der yetzt leuffigen schweren zeyt. Gantz kurtzweilig vnd lustig zu lesen. . . Am xxv. tag Juny des M. D. xxxi Jars. Außgangen zu Mentz (Mainz) bey Peter Jordan". Ein Auszug daraus bei Riederer, Nachrichten zur Kirchen-, Gelehrten- und Bücher-Geschichte II, Altdorf 1765, 226—239. In diesem Spiele klagt Murner, daß, obschon er längst die Narren beschworen habe, doch alle Mühe an ihnen verloren gewesen sei. Man habe ihn gescholten und ihm einen Katzenkopf aufgesetzt, während das Verderben seinen Gang genommen habe:

Ein teutsche Meß man haben will,
Die newen lieblein singt man auch,
Wan solches alls kompt in brauch,
So hat mans dan wol außgericht.
Der fromkeyt acht man darnach nit
Vnd der mit solcher vmb wil gahn,
Den haltens für ein göckelman.